마라톤,
은인들,
그리고
나의 천사들

Marathon,

Mentors,

and

My Little Angels

마라톤, 은인들, 그리고 나의 천사들

처음 펴낸 날 | 2023년 11월 3일

지은이 | 김태형

펴낸이 | 조인숙
펴낸곳 | 호미출판사
등록 | 2019년 2월 21일(제2019-000011호)
주소 | 서울시 양천구 목동서로 287 1508호
영업 | 02-322-1845
팩스 | 02-322-1846
전자우편 | homipub@naver.com
디자인 | 끄레디자인
인쇄 제작 | 수이북스

ISBN 979-11-966446-8-0 03810
값 | 20,000원

ⓒ김태형, 2023

[호미] 생명을 섬깁니다. 마음밭을 일굽니다.

마라톤,
은인들,
그리고
나의 천사들

Marathon,
Mentors,
and
My Little Angels

아해 김태형

자연인 박상설, 마라토너 함기용,
두 선배님을 기리며 모금운동과 마라톤 대회 때마다
열렬히 응원해 주었던 환아들과 그 부모님들께
이 책을 바칩니다.

서문

미국에 오래 살면서 나는 늘 나를 길러준 고향 강산이 주는 정감에 목말라 했다. 하지만 언젠가 읽은 한용운의 다음의 시가 내 마음을 안정시켜주는 계기가 됐고 이민 온 미국 땅에서 나도 힘을 다해 주인으로 살기로 했다. 한용운 시의 전문은 다음과 같다.

"사나이 이르는 곳 그곳이 바로 고향인데,
그 얼마나 많은 사람들 나그네 설움에 잠겼는가,
한 소리가 삼천대천 세계를 울리니,
눈 속에서 복숭아꽃이 한 잎 한 잎 날리더라."

또 나에게 큰 감동을 준 글이 하나 있다. 테레사 수녀(Mother Teresa)의 짧은 글인데 누구나 살고 있는 장소에 관계없이 언제나 사랑을 쏟으며 살라는 경구다.

"하나님께서 당신을 어느 곳에 데려다 놓든, 그곳이 바로 당신이 있어야 할 곳이다. 중요한 것은 우리가 무엇을 하느냐가 아니라 그 일에 얼마나 많은 사랑을 쏟고 있느냐다."

이런 맥락에서 본업인 병원생활과 연구 강의 등에 이국 땅에서나마 나름 주인 의식을 갖고 최선을 다 하기로 마음을 다스렸다. 또 나의 취미인 달리기에서도 언제나 적극적으로 나서며 마음껏 즐겼다. 무술(최광도)을 단련하던 삼사 년을 빼고는 지난 거의 사십 년 동안 내 여가 시간의 대부분은 마라톤으로 채워졌고 마라톤은 내 삶에 활력을 주었을 뿐 아니라, 내 인생의 소중한 굴곡들을 헤쳐나갈 때마다 나를 지탱해 주는 큰 버팀목이 되었다.

이 책에는 프로가 아닌 순전히 아마추어 마라토너로서 체험하고 느낀 생각을 담았다. 그리고 한국과 미국에서 생활하는 동안 함께했던 달림이들과의 치기어린 글들도 넣었다. 전문지식을 갖춘 마라톤 프로의 무게 있는 지침서와는 한참 거리가 멀다. 속 깊은 생각 없이 마라톤에 뛰어들었던 그리고 마라톤을 좋아했던 한 아마추어의 독백이라고 보아주면 좋겠다. 때론 수필이나 평론문 형식으로, 때론 시론時論이나 시詩의 형태로 모아 둔 글들도 같이 실었다. 원래 단행본 출판을 목적으로 쓴 글이 아니고 여기저기 동창회보, 신문, 달리기 동호회지, 또는 병원 홍보지등에 실렸던 글이라 중복된 점도 많고 일관성도 없어 보인다. 몇 편은 조금 보완을 거쳤다.

이 기회에 그동안 한국에서 그리고 미국에서 함께 달리던 고마운 분들께 감사를 드린다. 그리고 대회 때마다 성원해 준 환아들과 부모님들에게도 감사의 말씀을 드리고 싶다. 끝으로 이 책 속에서 허락 없이 실명으로 거론되거나 사진으로 노출되어 당혹스러운 분들에게는 양해와 용서를 빈다.

추천사

에모리 의과대학(Emory College of Medicine)에서 교수 생활을 하던 저자 김태형 교수님은 건강해지기 위해서 달리기를 시작했다. 동네 조깅으로 시작해서 보스턴 마라톤대회를 섭렵하며 마라톤의 깊고도 새로운 매력에 빠져들었다. 그가 펼치는 마라톤을 보다 보면 그저 앞만 보고 혼자 달리기나 하고 완주하는 것이 아니다. 마라톤 인생을 위해 "소아암 환자 돕기" 등 모금과 마라톤을 연결시키는 등 여러 방법을 펼쳐 환자 사랑을 온몸으로 실현하였다.

이 책은 한 개인의 삶에 대한 단순한 기록을 넘어 국내 마라톤 역사 기록으로서의 가치를 여실히 보여준다. 1996년 하계 올림픽 때는 애틀랜타에서 마라톤 국가대표팀이 진행한 전지훈련을 성공적으로 마무리할 수 있도록 도왔고, 서울에 살던 함기용 선생을 만나 잃어버린 보스턴 마라톤대회 우승 메달을 오십칠 년 만에 되찾는데 결정적 도움이 되었으며, 곳곳의 마라토너들을 만나며 시야를 넓혀갔다.

저자는 당대 마라톤 지도자·선수들과도 인연이 깊다. 정봉수, 주형걸 등이 그들이다. 한국 마라톤의 대부라고도 불리는 정봉수 감독은 김완기, 이봉주, 황영조를 발굴해 한국 마라톤의 꽃을 피운 주인공이고, 주형걸 감독은 김재룡과 필자를 가세해 선의의 경쟁을 통해 한국 마라톤을 이끌어 갔다. 1990년대 올림픽과 국제 대회에서 잇따라 메달을 따면서 중흥기를 맞았던 당대 인물들과 교류한 일화들로 2000년대 이후 침체기에 들어선 한국 마라톤의 부활을 염원하는 그의 열정과 실행이 잠자고 있던 민족적 자긍심을 일깨운다. 저자는 1950년 보스턴 마라톤에서 당시 손기정 감독이 이끄는 선수단 함기용·송길윤·최윤칠이 1위부터 3위까지 휩쓴 일, 우승자 함기용과 오랜 우정을 나눈 이야기도 빠트리지 않는다. 그 외에 여러 대회에 참가하여 교류한 1972년 뮌헨 올림픽 마라톤 금메달리스트 프랭크 찰스 쇼터 Frank Charles Shorter, 보스턴 마라톤 3회 연속 우승한 빌 로저스 Bill Rodgers 등 유명 세계 마라톤 선수들과의 일화도 소개한다.

또 이 책에는 우리나라 오토캠핑Auto camping 선구자인 박상설 대표와의 자연과 인간에 대한 특별한 성찰을 담은 인생 특강도 펼쳐진다. 특히 두 사람의 문학적 감수성과 철학적 메시지에 매료될 수밖에 없다.

이 책의 원고를 처음 읽었을 때 대한민국 마라톤 영웅들의 여정과 현실적인 일화의 글이 인상적이었다. 저자는 마라토너로서의 오랜 경험, 영웅들과 함께하면서 쌓은 지식, 소아암 환자들을 위한 목표의식을 갖고 뛰는 근성, 무엇보다도 마라톤과 여행을 사랑하면서 발전시켜온 지혜를 융합하여 신체적으로 건강을 유지하는 차원을 넘어 정신적, 철학적인 면에서도 실천적이고 효과적인 지침을 주고 있다.

마라톤에 관심이 있거나 현재 즐기고 있는 사람들은 꼭 읽어보기를 권한다. 특히 좀 더 과감히 꿈꾸고 실천하고 싶은 마라토너들은 반드시 읽어야 할 것이다. 마라톤에 대해 자신이 미처 깨닫지 못했던 사실들을 일깨우며, 마라톤이 가치 있는 삶, 바람직한 삶을 사는 데 얼마나 도움이 되는지에 대해서도 새삼스레 깨닫게 될 수 있을 것이라고 확신한다.

2023년 6월
경기도청 육상팀 감독 백승도

차례

서문 7

추천사 10

마라톤을 시작한 동기 20

제1장 나의 스승
영원한 겨레의 영웅 손기정 24
잊지 못할 함기용 – 다시 찾은 금메달 40
자연인 (깐돌이) 박상설 53

제2장 기억에 남는 대회
조선일보 춘천마라톤 76
　　　1997년 76
　　　2006년 81
춘천 호반마라톤 82
보스턴 마라톤 86
항공 마라톤 뮤지엄 92

제3장 나의 러닝 클럽

모닝 캄 클럽　96

바카스 클럽　105

애틀랜타 트랙 클럽　109

아산병원 마라톤 클럽　113

건강달림이 동호회　114

제4장 마라톤의 기원과 남은 이야기

페이디피데스와 그의 후예들　118

  페이디피데스　118

  스파르타슬론　121

  고대 올림픽　124

  근대 올림픽　125

  보스턴 마라톤　129

마라톤은 올림픽의 꽃?　132

조깅에 대한 전직 한국 대통령들의 충고　134

기가 막혀　137

큰 영웅, 작은 영웅　139

마라톤은 인생과 닮았다?　141

엔트로피　142

일산 호수공원 한 바퀴　144

애틀랜타 경찰청　145

마라톤 메달   149

단신단각 또는 새다리   153

장애인 그리고 마라톤 정신   155

테리 폭스, 그리고 동화작가 강원희   157

마라톤과 수명   161

제5장 건강달림이 그리고 마라톤 이야기

마라톤에 도전하지 맙시다   166

엔돌핀   168

맥박   169

이평계 저평계   170

마라톤 선수와 흡연   171

달리기와 원시인   172

마라톤과 유교사상   173

이런 사람들이 있습니다   175

노먼 프랭크   176

데이비드 맥길리브레이   177

존 켈리   179

세계 최고의 노인   181

쉬지 않고 한 번에 달릴 수 있는 거리는?   182

지구 한 바퀴 달리는데 몇 켤레의 운동화가 필요할까?   184

마라톤 상금   185

로저 배니스터 경　186
　　개 그리고 마라톤　187
　　건강한 몸, 건강한 정신　188
　　엘리아 라갓　189
　　마라톤 중독자　190
　　100킬로미터 울트라 마라톤　191
　　목발의 마라톤 여인　193

제6장 마라톤과 시 그리고 우문현답 몇 개
　　작은 천사들　196
　　발　197
　　팔순 할배의 마라톤　199
　　백세시대　200
　　바카스 찬가　201

　　우문현답 몇 개　202

제7장 마라톤 일지, 간단한 마라톤 훈련 방식
　　마라톤 일지　204
　　　　내가 참가한 첫 대회　204
　　　　나의 새로운 기록들　204

간단한 마라톤 훈련방식　205
  조지 시한 박사　205
  잭 포스터　205
  제프 갤러웨이　205

후기　207

부록
달리면서 묵상한 명구들　210
함기용 선생님과의 대담　225

역대 한국 올림픽 마라톤 성적　233
  한국 역대 올림픽 남자 마라톤 성적　233
  한국 역대 올림픽 여자 마라톤 성적　236
역대 한국 보스턴 마라톤 성적　237

참고문헌　238

marathon

마라톤,
은인들,
그리고
나의 천사들

Marathon,

Mentors,

and

My Little Angels

마라톤을 시작한 동기

아주 어렸을 적엔 굴렁쇠 굴리기와 줄넘기 그리고 겨울에 썰매 타기가 내 운동의 전부였지만 늘 건강하다고 자부하며 나는 장년기까지 아무 운동도 하지 않았다. 그리고 사람들이 다하는 골프도 멀리했다. 한국에서 의과대학을 졸업하고 삼 년 동안의 군의관 복무, 연이어 보스턴에서 수련의, 버몬트Vermont 주에서 삼 년의 개업의 시절을 거쳐 에모리 의과대학에서 진료, 연구, 강의 등으로 눈코 뜰 사이 없는 나날을 보냈다. 그러던 중 1987년 여름 어느 일요일, 당시 중학생인 아들과 애틀랜타에 있는 돌산(Stone Mountain)에 올랐다가 천둥 번개를 피한다고 이십여 분을 급히 달려 내려오니 숨이 차고 가슴이 답답하고 하늘이 노랗게 보였다.

다음날 병원에 출근하자마자 진찰을 받아 보니 5킬로그램의

과체중, 고혈압 그리고 맥박도 76이나 되어 정말 건강상태가 말이 아니었다. 그때 신발장에 넣어 두었던 운동화를 꺼내 처음으로 조깅을 시작했다. 그렇게 한 삼 년 뛰고 나니 맥박도 60대 전후반, 혈압도 정상으로 돌아왔다. 그리고 몸이 가뿐하게 느껴지고 일상의 지루하던 일들이 즐겁고 마음속엔 자신감이 생기기 시작했다. 달리는 중에는 무아지경에 빠지게 되고 그러다 보니 어느새 마음에는 평온이 찾아오고 일상생활에서도 스트레스를 별로 느끼지 않았다. 그리고 몸속 세포 하나하나가 살아 숨 쉬는 것을 느끼게 되었고 그 동안 단절됐던 내 자신과의 대화를 나눌 수 있게 되면서 정신과 육체의 건강에 달리기만큼 좋은 운동이 없다고 생각하게 되었다.

나의 달리기 기록은 차츰 향상되었고 칠팔 년쯤 지나서는 애틀랜타에서 주최하는 중장거리 여러 달리기 대회에서 메달을 받았다. 1995년과 1996년에는 애틀랜타 트랙 클럽Atlanta Track Club에서 주관하는 그랑프리Grand Prix상까지 거머쥐게 되었다. 하지만 학교와 병원 일로 장거리를 뛸 시간을 내지 못해 장거리 종목인 하프 마라톤, 풀 마라톤은 외면하며 지냈다. 그러던 중 1997년 에모리 의과대학교에서 종신교수의 발령이 났다.

시간만 나면 틈을 내어서 달리는 나를 보고 동료 교수가 웃으며 말을 걸어온다. "이젠 종신교수가 되었으니 주위의 눈치 보지 말고 뛰고 싶은 만큼 마음대로 뛰지 그래. 종신교수란 총장에게 아무리 욕을 해도 쫓겨나지 않는 특권을 받은 거니까." 친구가 우스개소리로 한 말이지만 가만히 생각해 보니 구미가 당기는 말이었다.

그러던 중 이곳 홈 디포Home Depot의 공동 창립자인 아서 블레이크Arthur Blake 씨가 50이 넘은 나이에 마라톤에 도전장을 내밀었고 그가 당당히 완주하는 뉴스 기사가 장안을 달구었다. '음~ 그래. 나도 마라톤에 도전해 보자'라고 속으로 생각해 보았다. 이젠 연구논문 한두 편 덜 써도, 또 학생들로부터 강의 평점 조금 낮게 받아도 괜찮겠지 싶었다. 새벽 시간에는 언제나 강의 준비나 연구 논문을 써왔지만 이제 부터는 이 새벽 시간을 이용해 동네를 달리고 출근을 하기 시작했다. 깜깜한 새벽에 신문 배달부 차에 치일 뻔도 하고, 동네 개들에게 쫓기기도 했지만 끝내는 보스턴 마라톤에도 세 번이나 출전하게 되어 만년 조깅자(Jogger)를 벗어난 참다운 마라토너marathoner임을 자부하게 되었다.

제1장

나의 스승

국내외 의료계의 몇몇 큰 은사님 외에도 나는 나를 키워준 세 분의 큰 스승이 계시다. 한 분은 한 번도 만나 뵙지 못한 손기정 선생님이고 나머지 두 분은 한동안 가까이 친분을 맺었던 함기용, 박상설 선생님이다.

marathon

영원한
겨레의 영웅
손기정

손기정 선생에 대한 이야기는 오래전에 발표된 독일인 *스테판 뮬러Stefan Müller 씨의 글을 먼저 읽어 보고 시작하는 게 좋겠다.

"당신은 감동적인 이야기를 좋아하는가. 이 이야기를 이해하기 위해 먼저 지도를 펴기 바란다. 아마 당신이 알고 있을 중국과 일본 사이에 한반도가 있고 그곳에 한국이라는 나라가 보일 것이다. 이야기는 이 조그만 나라의 어느 마라토너가 중심에 있다. 이 나라는 지도에서 보이는 바와 같이 중국과 일본이라는 두 무력에 의존하는 나라 사이에서 놀랍게도 이천 년 동안 한 번도 자주성을 잃어본 적이 없는 기적에 가까운 나라이다. 그리고 이럴 경우 이 한국인들은 나라 대신에 민족이라는 표현을 쓰기를 좋아한다. 어느 여름날 우연히 본 한 장의 사진 때문에 나는 이 나라, 아니 이 민족의 굉장한 이야기에 빠져들고 말았다. 1936년 히틀러 통치 시절, 베를린에서 올림픽이 열렸고 그때 두 일본인이 마라톤 경기에서 1위와 3위를 차지하였다. 2위는 영국인이었다. 한데, 시상대에 올라간 이 두 일본인 승리자들의 표정, 이것은 인간이 표현할 수 있는 가장 슬픈 모습을 하는 것이 아닌가.' 이 불가사의한 사진…. 무엇이 이 두 승리자를 이런 슬픈 모습으로 시상대에 서게 했는가…. 과거도, 그리고 현재도 가장 인간적인 유교라는 종교가 지배하는 이 나라 아니, 이 민족은 이웃한 일본인(죽음을 찬미하고 성에 탐닉하는)에 대해 '영리한 원숭이'에 불과하다는 가치관을 가지고 있으며, 불행히도 이 인간적인 품위를 중시하는 자부심 강한 민족이 이 원숭이들에게 '강간'이라고 표현할 수밖에 없는 침략, 즉 식민지로 떨어지고 말면서 이야기는 시작된다.

당시 대부분의 불행한 식민지의 청년들은 깊은 고뇌와 번민에 개인의 이상을 희생하고 말았고, '손' 과 '남'이라고 하는 두 청년 역시 예외일 수는 없었다. 이 두 청년은 달림으로써 아마도 자신들의 울분을 표출해야만 했는지도 모른다. 이 두 청년은 많은 일본인 경쟁자들을 물리치고 마침내 올림픽에 출전할 수 있었을 것이다. 그리고 달렸을 것이다. 달리는 내내 이 두 청년은 무엇을 생각했을까…. 그들은 승리했고 시상대에 오를 수 있었지만 그들의 가슴에는 조국 한국의 태극기(이 국기는 대부분 나라의 그것이 혁명이라든가 투쟁이라든가 승리 또는 위대한 황제의 문양인데 비해 우주와 인간과 세상 모든 것의 질서와 조화를 의미한다) 대신에 핏빛 동그라미의 일장기가 있었고, 관중석에 역시 이 핏빛 일장기가 올라가고 있었다.

이때 이 두 청년의 표정이란…. 그들은 깊게 고개를 숙인 채 한없이 부끄럽고 슬픈 얼굴을 누구에게도 보이고 싶지 않았을 것이다. 그리고 이 뉴스를 전한 일본 검열 하의 한국 신문 Eastasia (동아일보)는 이 사진 속의 일장기를 지워버리고 만다. 이 유니크한 저항의 방법, 과연 높은 정신적인 종교 유교의 민족답지 않은가. 그런데 일본 정부는 이 신문사를 폐간시키고 만다. 이 우습고도 단순하면서 무지하기까지 한 탄압의 방법으로…. 이 이야기는 여기서 끝나지 않는다.

마침내 이 민족은 해방되고 강요당한 이데올로기에 의해 무서운 또 한 번의 전쟁을 치른 후, 한강의 기적! (한국인들은 지구상에서 일본인들을 게을러 보이게 하는 유일한 민족이다)을 통해 스페인보다도 포르투갈보다도 더 강력한 경제적 부를 이루고 만다. 그리고는 1988년 수도 서울에서 올림픽을 개최하는데 이른다. 불과 50년! 태극기조차 가슴에 달 수 없었던 이 나라 아니 이 민족이 올림픽을 개최하고 만 것이다. 그리고 개막식, 성화를 들고 경기장에 들어선 작고 여린 소녀 마라토너로부터 성화를 이어받은 사람은 그날 너무나도 슬프고 부끄러워했던 승리자, '손'(손기정)이었다. 노인이 되어 버린 이 슬픈 마라토너는 성화를 손에 든 채 마치 세 살 먹은 어린애와 같이 훨훨 나는 것처럼 즐거워하지 않는가! 어느 연출가가 지시하지도 않았지만, 역사란 이처럼 멋지고도 통쾌한 장면을 보여줄 수 있나 보다. 이때 한국인 모두가 이 노인에게, 아니 어쩌면 한국인 개개인이 서로에게 얘기할 수 없었던 빚을 갚을 수 있었다고 한다. 그리고 극적이게도 서울 올림픽 도중

마라톤, 은인들, 그리고 나의 천사들

에 일본 선수단은 슬픈 소식을 들어야만 했다. 쓰러져 죽음을 기다리는 히로히토 일왕의 소식…. 한국인들의 종교 유교는 인간, 심지어는 죽은 조상에게까지 예를 나타내는 종교이다. 이 종교의 보이지 않는 신이 인류 역사상 (예수나 석가도 해내지 못한) 기적을 일으킨 것이다. 나는 이 이야기가 여기서 끝이기를 바랐다. 이처럼 굉장한 이야기가 이대로 보존되기를 바랐기 때문이다.

그런데 한국인들은 (이해할 수 없는 집념과 끈기, 그리고 폭력과 같은 단순함이 아닌) 놀라운 정신력으로 그들이 오십 년 전 잃어버렸던 금메달을 되찾고 만 것이다. 서울올림픽이 끝나고 사 년 뒤 바르셀로나 올림픽, 마라톤에서 '황'이라고 하는 '손' 노인과 너무나 흡사한 외모의 젊은 마라토너가 몬주익 언덕에서 일본과 독일 선수들을 따돌리고, 마침내 더는 슬프지 않은, 축제의 월계관을 따내고 만 것이다. 경기장에 태극기가 올라가자 이 '황'은 기쁨의 눈물과 함께 왼쪽 가슴에 달린 태극기에 경의를 표한다. 그리고는 관중석으로 달려가 비극의 마라토너 '손'에게 자신의 금메달을 선사하곤 깊은 예의로써 존경을 표한다…. '황'을 가슴에 품은 '손'은 말이 없다.

나는 이 이야기를 접하고는 인간에 대한 신뢰에 한없이 자랑스러움을 숨길 수 없었다. 인간이란, 이 한국인 아니 이 한국 민족처럼 폭력과 거짓과 다툼이 아니라 천천히 그러나 불굴의 의지로

써 자신들의 고통을 해결할 수 있다. 그럼으로써 그것이 비극적인 눈물로 시작된 역사일지라도 환희와 고귀한 기쁨의 눈물로 마감할 수 있는 것이다. 역사상 어느 민족도 보여주지 못했던 인간과 국가와 민족의 존엄을 이 한국인 아니 한국 민족이 보여주지 않는가!! 도서관에 달려가라! 그리고 1936년 베를린 올림픽 마라톤 시상대에 선 두 한국인의 사진을 찾아라…. 당신은 그 순간 세상에서 가장 행복한 인간이 될 것이다."

*스테판 뮬러의 생몰연대는 물론 그의 이름 자체도 사실인지 확인하지 못했다.

위에 인용된 글의 원문은 독일 언론인 스테판 뮬러 씨가 썼고 한 한국 유학생이 번역해서 올렸다. 이 글의 전문全文이 2001년부터 인터넷에 오르내렸다. 이 글을 읽고 감동의 눈물을 흘리지 않을 한국 사람이 하나라도 있을까? 만일 뮬러 씨를 찾을 수 있다면 당장이라도 달려가 얼싸 안아주고 싶다. 그와 만나 밤새도록 이야기를 나누어야 한다. 손기정 선수의 각고의 훈련, 일본 코치의 차별대우, 굶주림, 나라 잃은 슬픔, 태극기 아닌 일장기를 가슴에 달고 달린 뼈아픔, 우승 시상대에서는 월계수로 일장기를 가렸지만, 본부석에서 들려오는 건 애국가 아닌 기미가요…

우승 당시의 감회를 손기정 선수로부터 직접 들어보기로 하자.

마라톤, 은인들, 그리고 나의 천사들

"마침내 올라선 마라톤 세계정상에서 맛본 것은 끝없는 좌절감뿐이었다. 마라톤의 우승은 나의 슬픔, 우리 민족의 슬픔을 뼈저리도록 되새겨 주었을 뿐이었다. 나라가 없는 놈에게는 우승의 영광도 가당치 않은 허사일 뿐이었다."

마라톤에서 우승한 바로 그 날, 선수촌에서 큰 소동이 일어났다. 그 사건의 경위는 이렇다. 선수촌 안에서 일본 선수단은 축하연을 준비하고 있었는데 정작 마라톤에서 금메달과 동메달을 딴 손기정과 남승룡 두 선수가 보이지 않았다. 이들이 감쪽같이 선수촌을 빠져나갔던 것이다. 당시 응원차 개인 자격으로 베를린에 와있던 권태하 선배 (L.A. 올림픽 마라톤 9위)는 두 선수를 대동하고 베를린에 살고 있던 안중근 의사의 사촌 안봉근安鳳根 씨의 집으로 달려가 한인만의 축하연을 따로 연 것이다. 그때 안씨 집 벽에 걸린 태극기 한 장이 손기정을 감격의 전율로 빠지게 했다고 한다. 손기정, 남승룡 등의 선수촌 무단이탈로 인해 일본 선수단 측은 발칵 뒤집혔고 한국인 선수들은 귀국 길 내내 멸시와 감시를 받았어야 했다.

나는 지금까지 누구의 글에서도 스테판 뮬러가 주는 감동보다 더 큰 감동적인 글은 찾지 못했다. 아마 영영 나오지 않을지도 모른다. 그러니 마라톤에 관한 한 초년생인 내가 여기에 또 무엇을 부연할 수 있겠는가?

동아일보의 일장기 말살사건의 여파로 1936년 10월 8일 손기정, 남승룡 두 선수가 귀국하던 여의도 공항은 살벌했다. 경찰과 형사만 보일 뿐 환영 인파가 없었고, 육상 관계자의 공항 환영 행사도 모두 취소된 상태였다. 바로 넉 달 전 6월, 올림픽 선수단이 시베리아 대륙횡단 철도에 오를 때와 분위기는 딴판이었다. 그때는 경성역 그릴에서 축하 일색의 환송연이 있었고 조선 체육회 회장 윤치호와 많은 체육계 인사가 나와 조선 청년의 기상을 펼쳐 승리하고 돌아올 것을 열렬히 당부했다. 그런데 이제 금메달, 동메달을 들고 온 선수단을 환영조차 못 하게 하다니!

윤치호는 손기정의 세계 제패를 그냥 넘겨 보내지 않았다. 손기정 선수의 마라톤 세계 제패를 기념해서, 즉시 체육관 설립을 추진했고 모금 활동을 진행했다. 하지만 어쩌랴. 이것도 총독부의 방해로 뜻을 이루지 못했으니. 당시 체육관 건립을 무산시킨 장본인인 조선 총독 미나미 지로는 뻔뻔하게도 다음과 같은 담화문을 남겼다. "손기정, 남승룡 두 선수는 우리 반도의 자랑이다. 조선반도에는 이같이 우수한 청년이 많이 있다."

그날 승리의 감격을 전해 주는 기록물을 찾아보니, 상록수의 저자 심훈의 화려한 송축 시가 가장 먼저 눈에 띈다. "그대들의 첩보를 전하는 호외 뒷장에 붓을 달리는 이 손은 형용 못 할 감격에 떨린다. 이역의 하늘 아래서 그대들의 심장 속에 용솟음쳤던 피가 이천삼백만의 한 사람인 내 혈관 속을 달리기 때문이다.

이겼다는 소리를 들어보지 못한 우리의 고막은 깊은 밤 전승의 방울소리에 터질 듯 찢어질 듯 침울한 어둠 속에 짓눌렸던 고토 故土의 하늘로 올림픽 거화炬火를 치켜든 것처럼 화다닥 밝으려 하는구나. 오늘 밤 그대들은 꿈속에서 조국의 전승을 전하고자 마라톤 험한 길을 달리다가 절명한 아테네의 병사를 만나보리라. 그보다도 더욱 용감하였던 선조들의 정령이 가호하였음에 두 용사 서로 껴안고 느껴 울었으리라. 오오, 나는 외치고 싶다. 마이크를 쥐어 잡고 전세계 인류를 향해서 외치고 싶다. 인제도 인제도 너희들은 우리를 약한 족속이라 부를 터이냐?"

또 하나 당시 중경에 있던 중국 국민정부 수반 장개석의 의미심장한 말도 전해진다. "수억 인구의 중국이 이천만 인구를 가진 조선만도 못하다. 손기정의 우승은 3.1 운동, 광주학생운동에 이어 조선 민족이 보여 준 제3의 쾌거이다."라고.

나는 안익태 작곡의 현행 애국가(Auld Lang Syne tune이 아닌)가 이 손기정의 마라톤 우승 전후에 처음으로 불렸다는 사실에 흥분을 금할 수 없다. 안익태는 1936년 올림픽 두 달 전인 6월 어느 날 갑자기 악상이 떠올랐다고 한다. 그리고 8월 1일, 베를린 올림픽 개막식 직후 스타디움 서북쪽 코너에 와서 손기정, 남승룡 등 조선인 올림픽 출전 선수 일곱 명(마라톤의 손기정, 남승룡, 축구의 김용식, 농구의 이성구, 장이진, 염은형, 복싱의 이규환)에게 자기가 작곡한 응원가를 부르자 했고 그것이 바로 우리의 애국가였다. 며칠 뒤 8월 9일 손기정 선수가 올림픽 기록으로 스타디움으로 힘차게 들어올 때 손기정의 눈에 가장 먼저 띈 광경이 안익태와 두세 명의 조선 청년이 미친 듯이 큰 소리로 애국가를 부르는 광경이었다. 이날 손기정에게는 독일군악대가 연주하는 일본국가 '기미가요'보다도 스타디움 서쪽 한 곳에서 들려오는 '애국가'의 친근한 소리가 더 크게 들렸을지 모른다.

1997년 나는 삼십여 년의 미국 생활을 접고 서울 아산병원에 둥지를 틀었다. 조혈모세포 이식과 뇌종양 연구 분야에서 후학을 양성해 달라는 부탁이 있어서다. 노령의 부모님이 살아 계시는 조국 땅으로 늘 돌아가고 싶어했던 나의 심정을 잘 알고 있던 아내는 나를 향해 귀소본능의 병이 또 도졌다고 불만이었지만 존경하던 마라톤의 대선배들을 직접 만나 뵙고픈 염원에 나는 결국 한국행을 택했다. 의과대학 종신교수 자리를 버리고 가는 것은 쉽지 않은 결정이었다. 나는 미국에 오래 살면서도 손기정, 최윤칠, 서윤복, 함기용 등을 마음에 기렸고 내가 귀국했던 당시에는 그분들은 모두 살아 계셨다. 그중 내가 가장 만나고 싶던 손기정 선수는 주로 아들 손정인 씨가 사는 일본에 계셨으므로 나는 그의 자서전 등 그와 관련된 신문자료들만 찾아보며 아쉬운 마음을 달랬다.

손기정 선수의 유년기와 청년기에는 장시간 힘들게 달리는 마라톤 선수의 행동을 사람들은 미련한 일로만 치부했다. 이런 유교적인 사회적 풍토 속에서 배고픔에 찌든 선수들이 일본에 밀리지 않는 세계적 마라톤 챔피언으로 성장하기는 그야말로 하늘의 별 따기였다. 당시 경신학교儆新學校 교장인 선교사 제임스 게일 James Gale의 관측이 이런 사회상을 말해준다. 1935년 11월 3일 베를린 올림픽 대회를 위한 선발전에서 손기정 선수가 세계 최고 기록인 2시간 26분 42초로 일본 선수들을 물리치고 우승했고 함께 출전했던 남승룡 선수도 4위의 좋은 성적으로 올림픽 대표 선수로 발탁되었을 즈음이었다. "얼마 전까지만 해도 서양 사람들이 정구(Tennis)하는 걸 보고서는 왜 힘든 일을 하인에게 시키지 않느냐던 조선 땅에서 오늘 이렇게 훌륭한 마라톤 우승자를 키워내다니. 손 군의 우승을 보니 조선 사람들의 의식도 많이 달라졌음을 느끼게 된다."라고 하였다.

그리고 가난했던 당시를 반영하는 손기정 선수가 알려주는 일화는 우리 모두의 눈시울을 적시게 한다. "여기저기 돌아다니다가 찬조금이 많이 걷힌 날에는 땀을 흘리는 선수들에게 설탕 다섯 숟갈 탄 물을, 적게 걷힌 날은 설탕 한 숟갈 탄 물을 마시게 했다. 선수들 모두가 극기의 정신으로 마라톤에 몰두했다". 참, 라면도 없던 시절 그 젊은 선수들이 어떻게 그런 극심한 허기를 극복했을까? 도저히 믿기지 않는다. 나는 1996년 애틀랜타 올림픽을 대비해 한국에서 애틀랜타로 전지훈련을 온 마라톤 선수들과 몇 주 함께 지냈다. 그때는 한국의 경제 사정이 좋아져 손기정 시절처럼 굶주리는 선수는 없었다. 이들 전지훈련 온 선수들과 뷔페 식당에 가서 놀란 일이 있다. 날마다 두세 번 강도 높은 훈련을 소화해 내는 깡마른 남녀 선수들이 저마다 삼인분 넘게 후딱 먹어치우던 모습을 본 것이다. 그렇게 식욕이 왕성한 마라톤 선수들이 예전엔 설탕 한두 숟가락으로 그 고된 훈련을 이겨냈다니!

손기정은 올림픽 마라톤 제패 이듬해에 그동안 미루었던 학업을 시작하기로 결심한다. 그리고 인촌 김성수의 도움으로 보성전문에 입학한다. 하지만 입학 직후부터 총독부의 감시를 벗어나지 못해 일본으로 건너갔다. 당시 명치대明治大는 한국인 동문들이 많이 있어 손기정도 이곳의 문을 두드렸다. 그리고 명치대 동문인 양정고보 선배 정상희와 마라톤 선배 권태하의 보증으로 1937년 명치대 법학전문대에 입학한다. 육상은 하지 않아야 한다는 코미디 같은 조건이 붙어 있었다. 육상 전력이 하위권에 머물고 있는 명치대 육상부 동료들은 끈질기게 그의 도움을 요청했다지만 그는 일본을 돕지 않겠다는 신념 하나로 끝까지 명치대 육상부를 외면했다.

손기정 선수는 그의 올림픽 금메달의 후계자가 우리나라에서 나오기를 염원하며 후배 양성에 몰두했다. 첫 번째 결실은 1947년 보스턴 마라톤의 우승자 서윤복으로 나타났다. 그리고 삼 년 뒤 1950년에 보스턴 대회에서 1, 2, 3등을 싹쓸이한 함기용, 송길윤, 최윤칠 선수가 대를 이어 그를 흐뭇하게 했다. 하지만 이들 중에서 올림픽 금메달 수상자는 나오지 않았다. 세계 2차대전의 공백기를 지나 1936년 후 처음 열린 1948년 런던 올림픽에선 그의 꿈이 이루어지기를 기원했다. 하지만 믿었던 최윤칠은 기권했고 우승 후보 서윤복은 27위에 그치고 말았다. 이후 1952년 제15회 헬싱키 올림픽에서도 최윤칠은 4위에 그쳤다. 손기정 선수의 마지막 제자인 이창훈(손기정의 사위) 선수도 1956년 멜보른 올림픽에서 4위에 머물러 베를린 올림픽부터 오십육 년의 기나긴 금메달의 공백기(암흑기)가 이어졌다.

하지만 1992년 마침내 황영조 선수가 혜성같이 등장해 바르셀로나에서 손기정 선수의 오래된 한을 풀어드린다. 당시 태극 마크를 달고 달린 황영조가 우승 직후 관중석에 있던 선배 손기정에게로 달려가 마라톤 금메달을 목에 걸어드린 것이다. 이것이 바로 스테판 뮬러가 서술한 "인내와 끈기로 성취한 국가와 민족의 환희의 극적인 감동의 순간"이었다. 여기서 부연할 것은 1992년 황영조의 금메달은 손기정의 직접적인 작품은 아니었다. 6·25의 암흑기를 거친 후 60년대 70년대의 과도기를 지나며 마라톤 부흥의 꿈이 서서히 움트기 시작했고 1980년대 후반이 되면서야 마라톤 중흥의 물결이 일제히 일어났다. 그리고 코오롱, 한국전력, 삼성 등의 여러 기업의 지원이 밑거름되었다. 이때 마라톤 중흥을 이끈 인물은 정봉수 감독이라고 나는 확신한다. 그는 코오롱 마라톤 감독을 맡으며 엄격하고 면밀한 조련술로 김완기, 이봉주, 황영조 등을 발굴했고 마라톤 한국 신기록을 갱신해 갔다. 그 결과 영웅 황영조가 탄생한 것이다. 1996년 제26회 올림픽의 주최 도시가 애틀랜타로 결정되자 1995년부터 코오롱의 정봉수 감독과 한국전력의 주형걸 감독이 이끄는 엘리트 남녀 선수들이 애틀랜타로 대거 몰려왔다. 그때 처음 만나본 정봉수 감독의 스파르타식 훈련방식은 나를 놀라게 했다. 그는 마라톤 식이요법도 철저히 지켜 경기 한 주 전에 시작하는 단백질 섭취 기간에는 육류 요리에 소금 등 어느 조미료도 못 쓰게 해 음식을 먹는 선수들은 한결같이 고기를 먹는 것이 구두창을 씹는 것 같다고 불평을 했다. 그리고 400미터 경기장을 달리는 고강도 훈련 전후에도 생수 이외의 음료수는 일체 금지시켜 무심코 내가 준비해간 코카콜라 상자 등은 버려졌다. 나는 정감독을 따라 우리 집 근처에 있는 마리스트Marist 고등학교 경기장으로, 케네소Kennesaw와 차타후치Chattahoochee 국립 공원 산길로, 시내 한복판 실제 올림픽 마라톤 주로走路까지 곳곳을 다니며 선수들을 안내했다. 새벽 5시에 피치트리Peachtree 올림픽 마라톤 코스를 달릴 때는 경찰들에 의해 차로에서 인도로 쫓기기도 여러 번 했다. 황영조 선수는 족저근막염으로 고생하기도 했고 훈련 캠프를 이탈하는 이변도 일으켰지만, 이봉주, 김이용, 김완기 등 출중한 선수들이 많아 나는 한국팀에서 마라톤 우승자가 나오리라는 기대감을 저버리지 않았다. 정봉수 감독은 놀랍게도 운동생리학, 영양학, 식이요법, 운동 심리학 등 제 분야의 최신지식을 통달한 거의 완벽한 마라톤 감독이었다. 안타까웠던 일은 눈코 뜰 사이 없는 훈련 일정에도 그는 지병인 신부전증으로 수시로 복부에 자가 투석을 해야만 했다.

1996년 애틀랜타 올림픽 후 직장을 서울로 옮긴 나는 당시 한국 육상계를 이끌고 있던 정봉수, 함기용, 주형걸 등 지도자들과 가끔 만날 기회가 있었다. 함기용 선수와는 한강 변에서 열린 10킬로미터 대회에 함께 초청받기도 했다. 또 새로운 마라톤 리더들인 김재룡, 백승도 등과도 교우하면서 우리는 황영조 이후 한국에서 올림픽 금메달이 나오지 않는 현실에 답답함을 토해내곤 했다. 더군다나 1992년 뒤로는 올림픽 메달권 기록에 든 선수조차 드물고 설상가상으로 마라톤 세계기록은 점점 더 단축되고 있었다. 2021년 도쿄올림픽에서 이영훈 선수가 2시간 12분 58초로 출전 선수 80명 중에서 22위를 했을 뿐이다. 대회 우승자의 기록은 2시간 8분 38초였으니 무려 4분 20초의 차이가 있었다. 이는 거리로 따지면 거의 1마일의 격차를 말해준다. 여자의 경우 같은 도쿄 올림픽에서 한국의 전윤주 선수가 2시간 32분 33초로 24위를 해 우승자 케냐의 페로피스 젭체리의 2시간 27분 20초의 기록보다 5분 13초나 뒤진다. 오늘 한국선수 중에서 마라톤 세계기록(남자 2시간 1분 39초, 여자 2시간 8분 38초)에 5분 또는 10분 내로 근접한 선수는 없다. 이런 추세라면 한국선수들은 다가오는 올림픽에서 마라톤 출전권도 못 받을 위기에 있다. 만일 출전할 기회가 주어진다 해도 우승권 선수와 1~2마일은 뒤쳐질 것이 뻔하다. 고인이 되신 손기정 선배에게 부끄럽기 그지없다.

한국에선 지금 한강 변을 달리는 평화 마라톤 대회로 손기정 선수의 베를린 마라톤 제패를 기념하고 있다. 여기서 나는 한 가지 제안을 하고 싶다. 극기와 투혼의 화신인 손기정 정신을 기리기 위해선 단순 마라톤 경기 이상의 대회가 필요하다고 생각한다. 손기정 선수의 우승 기념일인 8월 9일을 잡아 한국 남단의 부산에서부터 손기정의 고향인 북쪽 신의주까지 달리는 울트라 마라톤 대회를 연례행사로 정하고 싶다. 조국분단으로 당장 어려우면, 땅끝마을 해남에서부터 남북 분계선 임진각까지의 코스를 만들어 국민이 열광하는 대축제를 벌여 세계적인 선수를 발굴할 수 있으면 한다. 특이한 것은 이제까지 올림픽 마라톤 역사상 동양인으로는 두 명만이 금메달을 목에 걸었다는 사실이다. 그 주인공의 한 사람이 손기정 선수고 두 번째가 황영조 선수다. 손기정의 빛나는 금메달을 이어가는 세 번째 선수도 이 땅에서 나와야 한다.

몬주익 언덕을 찾은 김태형. (2010년 11월)

1992년 바르셀로나 마라톤에서 황영조와 일본의 모리시타 코이치 선수가 선두를 다투던 곳이다.

덧붙이는 글

손기정에 대한 긴 글을 쓰는 내내 뇌리에 떠나지 않던 생각은 손기정과 함께 시상대에 오른 동메달의 주인공 남승룡 선수다. 손기정처럼 월계수로 일장기가 새겨진 가슴을 가리지 못해 원통했다는 그의 말이 내 가슴을 울린다. 그는 손기정의 양정고보 1년 선배이고 1936년 올림픽 선발전에서도 4위를 하였다. 그리고 초등학교 6학년 때 처음 마라톤대회에 출전해 2위에 입상할 정도의 뛰어난 기량을 보유하기도 했다. 나이 서른다섯 살이 되던 1947년엔 손기정과 함께 서윤복을 우승시키기 위해 보스턴 행 비행기에 올랐다. 선수로 출전한 보스턴 대회에서는 10위를 차지하며 그의 마라톤 기량이 건재함을 보여 주었다. 역시 서윤복의 우승에 가려 그는 또 다시 관심 밖의 대상이 된다. 한때 대한육상연맹 이사로도 활약했고 1964년엔 도쿄 올림픽 마라톤 코치로 참가하기도 했다. 하지만 육상발전을 위해 젊은이들에게 후배 양성을 맡기고 1965년 육상계를 떠나 2001년 사망할 때까지 한 사십 년을 조용하게 살았다. 그의 이름을 딴 마라톤 대회 하나쯤은 있어야 하지 않겠나?

김 태형, 월간 신문예 (2023) 118호

잊지 못할
함기용

다시 찾은 금메달

한국 마라톤의 대부 함기용 선생님과 나의 인연은 반세기 이상을 거슬러 올라간다. 선생님은 1950년 4월 19일 보스턴에서 송길윤, 최윤칠 선수와 더불어 전대미문의 1, 2, 3등을 싹쓸이 하여서 미국은 물론 전세계를 놀라게 한 주인공이다. 선생님은 1950년 양정고보 졸업반 생이고 나는 창신국민학교 6학년생이었다. 동대문 운동장에 몰린 환영 인파에 끼여 그를 선망의 눈으로 바라보던 기억이 지금도 생생하다. 온 겨레가 가난에 쪼들렸고 강토는 이념으로 갈라져 한국 전역이 불안에 싸여 있었다. 그때 혜성같이 나타난 보스턴 마라톤의 세 영웅, 한없이 움츠러졌던 겨레의 가슴을 활짝 펴게 해 주었다. 어린 우리에게는 하면 된다는 큰 용기를 불러 일으켜 준 거인들. 그날 동대문 운동장을 꽉 채운 군중의 열기와 함성은 2002년 월드컵 4강과 2010년 김연아의 밴쿠버 올림픽Vancouver Olympics 때의 응원 열기와 견줄 만했다. 생각해 보라, 먹을 양식이 모자라 삐쩍 마른 몸으로, 운동화도 없어서 미군 부대에서 폐차되어 나오는 타이어 조각으로 신발을 엮어 달리고 달린 투혼, 그렇게 열악한 환경에서도 세계를 정복하다니! 그것도 금, 은, 동메달 모두를 한꺼번에.

세월이 흘러 1960년대 후반 나는 보스턴에서 수련의 생활을 시작했다. 해마다 4월에 열리는 보스턴 마라톤에 한국선수 이름은 없고 동양인으로는 일본 선수들만 눈에 띄고, 또 그들이 우승까지 거머쥐는 사실에 뭔가 잘못되어 가고 있다고 생각했다. 그 후 나는 애틀랜타로 옮겨 에모리 의과대학에 재직하게 되면서 소아암 기금조성에 나서면서 마라톤에 차츰 빠지게 되었다. 그러던 중 1996년 하계 올림픽이 애틀랜타로 결정되자 한국으로부터 마라톤 선수들이 전지훈련 차 찾아들기 시작했다. 한국 마라톤 중흥에 조금이라도 도움 되기를 바라던 나는 동분서주하며 그들을 따라 다녔다. 정봉수, 주형걸 감독, 백승도 코치 그리고 코오롱, 한국 전력의 여러 남녀 선수들, 특히 황영조, 이봉주, 김재룡, 김이용, 오미자 선수가 생각난다. 이른 새벽 선수들과 어울려 마라톤 코스를 답사하며 달려도 보고 식당에서는 엄청난 양의 음식을 소화해 내는 선수들에 놀라 자빠질 뻔 했다.

이렇게 한국 마라톤팀과 바쁘게 지내던 어느 날, 한밤중에 뜻밖의 전화 한 통을 받았다. 뉴욕에 거주하는 북한 UN 대표부 직원으로 자신을 소개하며 우리 북한 마라톤 선수 좀 도와 달라고 그들 특유의 억양으로 사정을 하였다. 낮에는 한국 마라톤 선수를 따라다니고 아침과 저녁에는 병원에 들러 환자를 돌보느라 눈코 뜰 사이 없는 사정인데 이제 북한 선수들과도 엮이라니! 나는 정신이 번쩍 났다. 병원일을 더 이상 소홀히 하면 병원에서 아예 쫓겨날 것도 같아 매정하지만 내가 먼저 전화를 끊었다. 사실 생각하면 올림픽 기간 동안 이번이 북한의 제의에 대한 나의 두 번째 거절이 되었다. 사정은 이랬다. 애틀랜타 올림픽 위원회는 가능한 한 많은 나라가 애틀랜타 올림픽에 참석하기를 원해서 북한을 적극 설득하고 나섰고, 한편 북한은 올림픽에 참석을 미끼로 많은 경제적 도움을 바라고 있었다. 그리고 에모리 의과대학은 올림픽 중 모든 선수들의 의료를 책임지고 있었는데 한 모임에서 북한 대표가 올림픽 의료와는 아무 상관없는 부탁을 해 왔다. 갑자기 나보고 밑도 끝도 없이 평양의 의과대학에 와서 일년 동안 강의를 해 달라는 것이다. 물론 나는 한 번도 생각도 해 본적이 없는 일이라 즉석에서 거절하고 나니, 내가 평양에 올 수 없으면 대신 평양 의과 대학의 학생을 해마다 에모리 의과대학에 인턴으로 받아 달라는 것이다. 북한의 의과대학과 에모리 의과대학과의 의료 수준의 격차가 너무 심할 것 같아 이것도 거절한 기억이 있다.

마라톤 이야기가 잠깐 주제에서 벗어나 다시 마라톤 이야기로 돌아간다. 하여튼 나 자신 애틀랜타 올림픽 마라톤 코스를 여러 번 달려본 덕분에 KBS 중계방송에서 마라톤 해설도 맡았다. 그때 선두와 간발의 차이로 운동장에 들어오는 이봉주 선수의 질주에 환호성을 질렀지만 끝내 은메달에 그쳐 아쉬운 탄성을 보내기도 했다.

그해 올림픽이 지난 몇 달 뒤 서울 아산병원에서 뇌 센터를 맡아 달라는 초청장이 날아왔다. 일단 아내의 반대도 거셌지만, 막 얻어낸 에모리 의대 종신교수직을 버리고 한국으로 떠나는 것을 반대하는 동료 교수들도 있어 일 년여 궁리를 했다. 한국의 후배 의학도들을 지도하고 싶은 열망과 늘 멀리서 그리던 손기정, 서윤복, 함기용 등 마라톤의 대선배들을 가까이서 뵙고 싶은 바람도 있어 1997년 마침내 귀국을 결심했다. 나는 한국에 정착하자마자 미국에서 하던 것처럼 소아암 모금운동을 위해 한동안 춘천 마라톤을 해마다 달렸다. 그러던 중 함기용 선생님과 고려대학교 동기이신 나의 환자 할아버님의 소개로 2006년 10월 29일 춘천 마라톤 현장에서 경기 운영을 지휘하던 함기용 선생님을 처음으로 만났다. 그리고 11월 17일 저녁 식사 자리에서 함선생님과 마라톤 이야기를 이어갔고 선생님은 보스턴 우승 당시에 있었던 많은 일화를 얘기하였다. 그때 선생님에게 "그 우승 금메달 좀 보여주시지요." 하고 여쭈니 "나는 금메달이 없어요."라고 뜻밖의 말을 하는 게 아닌가?

그 사연은 이랬다. 선생님이 보스턴에서 우승하고 돌아오고 곧바로 6·25 전쟁이 터졌다. 선생님은 하숙집 근처 동대문 운동장으로 달려가 금메달, 사진첩, 운동복 등 소지품 일체를 외야 한

구석 땅속에 파묻고 부산으로 피난을 갔다. 9.28 수복 후 곧바로 운동장으로 달려가 보니 금메달은 사라졌고 누군가가 흙을 파헤친 흔적만 남아 있었다. 그 후 오십여 년 동안 금메달이 늘 생각나고 그 금메달을 앗아간 6·25가 원망스러웠고, 6·25의 원흉 김일성을 괘씸해하며 홀로 한을 품고 살아 온 것이다. 식사가 마무리될 무렵이었다. "선생님은 우리 대한민국을 위해 큰일을 하셨으니 제가 선생님 소원 하나 들어 드려도 괜찮겠습니까?" 하고 여쭈었다. 선생님은 한동안 말씀이 없으셨다. "내 나이 지금 여든 가까운데 무슨 별 소원이 있겠나?" 한참 뒤에 "김 박사! 소원이 하나 있기는 한데…" 하고 중얼거리셨다. "그게 뭔데요?" 하고 다시 여쭈니 "사실은 잃어버린 그 금메달을 죽기 전에 다시 한 번 봤으면 하네." 하는 게 아닌가.

선생님의 뜻밖의 말에 나는 말문이 막혔다. 아니 오십육 년 전 잃어버린 메달을 지금 어떻게 찾나. 이젠 선생님의 한이 나의 고민으로 돌아왔다. 집에 와서도 그 메달 생각이 떠나지 않았다. 아내는 "글쎄 당신은 왜 갑자기 남의 소원을 들어드린다고 했어요? 그 소원이 뭔지도 모르면서요. 앞으론 어디 가서 남의 소원 들어준다는 말은 제발 꺼내지 마세요." 하며 핀잔을 하였다. 하지만 나는 평생 선생님의 가슴속에 응어리로 남아있는 한을 어쨌든 풀어드려야겠다고 다짐하고 묘안은 없을까 며칠을 생각했다. 그때 떠오른 생각은 일단 잃어버린 것은 찾지 못해도 그 메달을 원형대로 다시 제작은 할 수 있겠다는 거였다. 1996년 애틀랜타 올림픽 때 성화 봉송을 했던 나는 그 성화의 모형이 애틀랜타 코카콜라 올림픽 기념관에 각기 다른 역대 올림픽의 모든 성화봉과 함께 전시된 것을 보았다. 그래서 보스턴에도 지난날의 보스턴 마라톤의 역대 금메달 모형이 남아있을 것으로 추측했다.

그때 다행히 보스턴 체육인 협회(BAA: Boston Athletic Association)의 데이비드 맥 길리브레이Dave McGillivray의 모습이 갑자기 떠올랐다. 그는 당시 쉰 나이에 1988년부터 BAA의 마라톤 디렉터를 이십여 년 동안 책임지고 있는 분으로 자선사업가로도 명망이 높았다. 그가 소아암 환자 기금조성을 위해 달린 마라톤은 부지기수이고 또 모금을 위해 미국 횡단까지 한 인물이다. 내가 하는 모금 활동도 그에게서 배운 것이다. 그 사람이면 금메달을 복제해 줄지 모른다고 생각하고 편지를 썼다. "1950년 보스턴 마라톤 우승자 함기용 선수가 지금 나이가 일흔여섯인데 생전에 그의 금메달을 한 번 더 보고 싶어 한다. 1950년 한국전쟁의 발발로 메달을 받은 지 두 달 만에 금메달을 잃어버려 평생 한이 맺혔다. 지금 병환도 있어 여생이 길 것 같지 않으니 메달을 원형대로 다시 제작해 보내주기 바란다. 물론 일체의 제작비와 운송비용은 내가 책임지겠다." 이것이 그때 나의 편지 내용의 요약이다. 그때부터 마음 졸이며 보스턴에서 날아올 답장만 기다리고 있었다. 하지만 아무리 기다려도 대답은 없었다. 나중에 내가 알아차린 사실이지만 보스턴 마라톤 역사가 1897년에 시작됐으니 그동안 금메달 소유자가 백 명도 더 넘는데 그들 중 누가 메달을 잃어 버렸다고 해서 다시 제작해 줄 수는 없는 실정이었다. 또 나의 실수는 편지를 나의 개인 명의로 했으니 그들이 나를 믿을 수 없었으리라. 그래서 당시 대한 육상경기연맹의 신필렬 회장을 통해 한국육상연맹의 명의로 나는 다시 연락을 시작했다.

우여곡절 끝에 2007년 5월 드디어 금메달이 대한육상연맹 앞으로 돌아왔다. 편지에는 이 메달 복제 사실을 일체 공개하지 말라는 경고도 있었다. 금메달을 다시 목에 거는 함선생님의 기쁨은 하늘을 찔렀다. 그의 기쁨은 나의 기쁨, 아니 우리 모든 국민의 기쁨이었다. 선생님은 금으로 도금된 황금빛 그 메달이 1950년 당시의 것과 똑 같다고 아이처럼 좋아하였다. 단지 메달 앞면에 박혀 있던 3부짜리 조그만 다이아몬드가 빠진 것만 다르다고 하셨다. 메달에는 본래대로 "Ki-Yong Ham 02:32:39"라고 그의 기록도 선명히 새겨져 있다. 지금 선생님 댁의 금고에 보관해 자식처럼 애지중지한다.

이런 인연으로 나는 한국에 들를 때마다 선생님을 찾아뵈었다. 선생님은 냉면을 좋아하고 돼지 수육을 곁들여 소주를 으레 두 병, 또 세 병도 마셨다. 1992년 바르셀로나에서의 황영조와 2001년 보스턴에서의 이봉주 이후 금메달이 사라진 한국 마라톤계의 암울한 현황을 많이 가슴 아파했다. 또한, 후배 마라톤 코치들을 향해 던지는 그의 준엄한 질타는 언제 들어도 감동을 준다. 뼈아픈 6·25로 잃은 것은 그의 보스턴 금메달뿐만이 아니었다. 올림픽 메달 등 끝없이 뻗어갈 수 있었을 그의 마라톤 인생이 6·25

로 인해 아깝게 단절된 것이었다. 그래서 나는 선생님을 뵐 때마다 농담한다. "선생님은 보스턴을 한 번밖에 못 달리셨지만 나는 지금까지 보스턴을 세 번이나 달렸으니 제가 마라톤은 선생님보다 한 수 위지요.".

선생님은 2022년 11월 9일 아흔하나를 일기로 작고하셨다. 그리고 금메달 특수제작 사실은 2008년 4월 10일 스포츠동아에 발표된 함선생님과의 인터뷰 기사로 처음으로 세상에 공개되었다. 금메달 복제 일 년 만의 일이다. 나는 지금도 BAA의 데이비드 맥길리브레이 씨에게 감사하고 이 사실이 끝내 세상에 공개된 것에 미안함을 금치 못하고 있다. 그리고 잃어버린 메달을 되찾기 위해 당시 나와 같이 동분서주했던 벗 강덕원 씨와 고려대학 MBA 마라톤 클럽의 박노홍, 윤동기, 류승욱 제씨, 그리고 대한육상연맹 관계자 여러분께 고마움을 전한다.

함기용. (날짜 미상)

함기용
1950년 우승 장면.

마라톤, 은인들, 그리고 나의 천사들

금메달 복제 사실을 알리는 방송인 강용석. (2021년 10월)

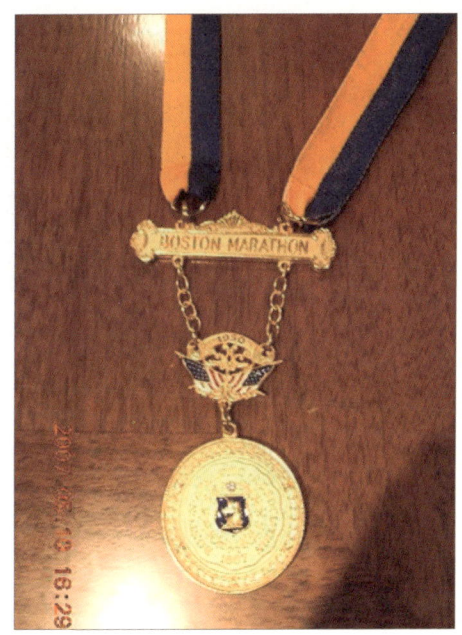

금메달.
(2007년 복제)

제1장 | 나의 스승

함기용과 김태형. 냉면에 소주 한잔하는 모습. (2021년 10월)

함기용, 강명구 마라토너와 김태형(2015년 10월 29일), 필동면옥. 함기용 선생이 2016년 예정인, 강명구의 유라시아 대륙 횡단 계획을 듣고 자금조달 방법을 조언해 주었다.

필동면옥 앞에서. 함기용, 박상설, 김태형. 박상설 선생은 술을 하지 않는다. (2018년 5월 29일).

함기용.
(2018년 5월)

평소 즐기는
소주와 냉면.

제1장 | 나의 스승

1950년 미국 보스턴 마라톤 1,2,3위를 차지한 함기용·송길윤·최윤칠 씨가 1936년 베를린올림픽 육상 4관왕인 제시 오웬스와 기념 촬영한 사진. 왼쪽에서 두 번째가 송길윤 씨. 왼쪽에서 네 번째부터 손기정, 제시오웬스, 최윤철, 함기용 씨. 〈화가, 노터리 퍼블릭(Notary Public·公證人)/在북가주 서울대총동창회회장 역임/ 샌프란시스코 거주/서울사대부고~서울대 문리대 정치외교학부(외교)졸〉

왼쪽 부터, 두번째 송길윤, 네번째 손기정, 다섯번째 제시 오웬스Jesse Owens 베를린 올림픽 4관왕, 그 옆에 최윤칠 그리고 함기용. (사진 제공 조현룡)

중앙에 함기용(빨강모자), 그리고 건강달림이 회원(박정숙, 추미정, 하나건너 김태형, 이지인, 강덕원, 김경애).

마라톤, 은인들, 그리고 나의 천사들

자연인
(깐돌이) 박상설*

한밤 자정에 시계 소리 산골을 울리고
달은 헐벗고 하늘을 헤매고 있다
길가에 그리고 눈과 달빛 속에
나는 홀로 내 그림자와 걸어간다
시계 소리 산골에서 자정을 울리고
오, 달은 저 하늘에서 차갑게 웃고 있다.

자정 이후의 한 시간, 헤르만 헷세

    헤르만 헷세의 '자정 이후의 한 시간'은 박상설 선생이 좋아하는 시다. 이 시는 눈 쌓인 강원도 산골을 함께 거닐며 무언의 대화를 나누던 선생님을 떠올리게 한다.
    선생님과 나의 인연은 2003년 여름 가평의 가덕산 오름길에서 시작되었으니 이십 년이 된다. 우리 인연은 특이하다고 할 수 있

---

*사람과 자연 전문기자. 한국 오토캠핑Auto Camping 창시자, 캠프 나비 대표. 한국 캠핑문화 선도자. 2021년 12월 23일 아흔 넷을 일기로 영면하심.

다. 왜냐하면, 선생님의 강원도 홍천 〈샘골 레저농원〉에 모여 들던 수많은 사람 중 선생님 곁에 오래 남아있는 사람은 그리 많지 않기 때문이다. 어쩌면 선생님의 '괴짜스런' 기질에 많은 사람이 견디지 못했기 때문이리라.

나는 1997년 에모리 의과대학을 정년퇴직하고 서울 아산병원과 일산 국립암센터에서 연차적으로 교수직을 맡게 되었다. 한국에 있는 십이 년 동안 나는 선생님에 미치지 못하지만, 산행을 좋아했고 책을 읽었고 또 작물 재배 습성이 몸에 배어 있었다. 그래서 나는 선생님에게 끌렸고 시간을 내어서 샘골 레저농원을 찾으며 선생님의 색다른 생활방식에 넋을 잃곤 했다. 선생님은 나의 별명을 선비, 원님, 고니 셋을 놓고 고민하다가 끝내는 고니라고 정하셨다. 고니의 별명을 얻은 또 한 사람은 수산식품으로 세계적인 기업을 키우고 있는 김루시아 SLS 대표다. 그는 일찍부터 문학을 사랑했고 시를 좋아했고 텃밭도 가꾼다. 독서의 양도 엄청난 그를 선생님은 고니라고 명명했다. 특히 마라톤까지 좋아해 나와 그는 오누이 아닌 오누이가 되어 서로를 응원한다.

선생님은 내가 마라톤에 푹 빠져 있음을 알고는 가끔 괴짜라고도 불렀다. 결국 사유思惟하는 마라토너는 곧 괴짜이고 철학자라는 것이다. 괴짜라면 선생님 같은 괴짜가 대한민국 어디에 또 있을까? 육군 장교 시절 결혼식 날 자기를 거꾸로 매달고 패려는 처가의 남자들을 향해 권총을 (허공에 대고) 발사한 일, 오래전 캘

리포니아에서 히피들과 어울려 광란의 시간을 보낸 일, 미국, 중국, 알라스카, 인도를 도보로 기차로 횡단한 일…. 근래에는 학생들과 공무원들을 위해 방방곡곡을 다니며 자연인의 참 삶을 보여주려고 호텔 대신에 학교 운동장이나 연수원에서 텐트를 치고 밤을 보내고 아침에 곧장 강의에 들어가고 각종 나물 무침은 물론 김치를 직접 담그고, 식혜를 만들며 가족으로 손자 손녀까지 있으면서도 가정생활을 철저히 거부한 일…. 어느 하나 괴짜 아닌 것이 없다.

개인의 자유를 속박하는 일체의 관습을 거부하고 상식적인 사회생활은 전혀 아랑곳하지 않고, 떼 지어 몰려다니지 않고 연어처럼 물을 거슬러 올라가며 자기 자신으로만 산 사람. 무소유에 가깝게 사치스러운 삶을 거부한 사람. 그리고 헤르만 헷세 Hermann Hesse의 정신세계를 사랑하고 윤동주 시인을 흠모했던 문학도다. 선생님은 철학, 역사, 과학 그리고 세계문학 전집을 두루 읽었다. 서울공대 출신답게 과학 이론에 밝았고 샘골을 찾는 젊은이들을 위한 열역학 제2법칙, 엔트로피entropy에 대한 설명은 일품이었다. 반면, 선생님은 나에게 진화론이나 유전학의 상세한 부분까지 날카로운 질문을 던져서 나를 쩔쩔매게 하였다. 선생님은 불경도 섭렵한 듯하다. 어느 해인가 자신이 읽던 천수경을 건네주며 나보고 꼭 읽어보라고 하였다.

그는 많은 돈을 들여 가평의 임야에 자작나무 20만 그루의 방대한 산림을 조성하였으며, 산길을 걸으며 꽃씨를 뿌려 다음 해 찾아가 만발한 꽃을 반기곤 하였다. 그리고 선생님은 지난 세월 춘천, 인천, 남양주 등에 아파트가 있었지만, 그의 진짜 집은 야생화 핀 산골, 억새 무성한 산등성이에 그때 우연히 텐트를 친 곳이 아니었을까? 나는 선생님이 어떤 종교에 심취했는지 물어본 적은 없다. 하지만 영국 여행작가 브루스 채트윈Bruce Chatwin의 말에서 힌트를 찾았다. "If you walk hard enough, you probably don't need any other god(열심히 걸으면 당신은 다른 신이 따로 필요하지 않을 것이다)." 걷기의 신神(God of walkers)이 선생님에게 들어와 선생님과 하나가 되었을 거라고.

몇 년 전 내가 국립암센터에서 폐암 수술을 받고 중환자실로 막 옮겨져 아직 마취 기운이 남아 있을 때였다. 뜻밖에 선생님이 중환자실에 나타나 간호사와 말다툼 하는 소리가 아련하게 들려왔다. 내 수술 소식을 듣고 강원도 홍천 샘골에서 급히 달려온 모양이다. 중환자실에는 면회가 안 된다는 간호사에게 "내가 김 교수의 보호자이니 꼭 들어가 봐야 한다."며 큰소리로 호령을 하고 있었다.

내가 은퇴하고 미국으로 다시 돌아와 텃밭을 일구며 살 때도 끊임없이 이메일이나 카톡을 보냈다. 선생님의 글은 늘 철학자의 사유가 묻어 있었다. 방대한 저술을 남긴 헤밍웨이는 한마디의 새로운 단어도 창조해내지 못했다지만 선생님은 새로운 시어詩語를 줄곧 만들어 냈다. 선생님의 아름다운 글귀는 구구절절 시詩 자체였다. 선생님에게 수시로 시로 응답하며 나도 자연스레 시인으로 등단을 했다. 나는 언젠가 시, '맹꽁아'를 지어 주야로 독서하며 자연과 일치된 삶을 살아가는 선생님에게 보냈는데 선생님이 크게 웃었다는 소문이다.

맹꽁아

전국 방방곡곡 여기 맛집 저기 맛집
이 방송도 먹방 저 방송도 먹방
앞길 건강원에서도 뒷골목 영양탕집에서도
입 터지게 먹어대는 남녀노소
저마다 배를 풍선처럼 불리는구나!

갯벌에 바다에 산에 개울에
수천수만 년 함께 살아온 무수한 생명들
그물, 덫, 올가미, 함정에 채이고
칩장하는 길짐승 날짐승 곤충까지 덮치니
어느 작은 숨이라도 살아남겠나

옛날 당 시인 한유韓愈
사람답게 살려거든
뱃속은 시서詩書로 채워야 한댔는데
뒤뜰의 맹꽁아

너는 오늘 무엇으로 배 속을 채웠더냐?

뭐니뭐니 하여도 선생님은 책을 손에서 놓지 않았다. 산속 텐트 안에서나 시내 전철에서 그리고 멀리 기차 여행 중에도 책을 읽고 출판까지 하였다. 그의 은퇴 후의 생은 한마디로 자연, 우주, 텐트, 인문학으로 대변할 수 있을 것 같다. 그의 대표작 〈잘 산다는 것에 대하여〉는 지금도 많은 이들이 삶의 지침으로 삼는다.

샘골 농장에서 수확한 옥수수 한 포대를 둘러매고 암센터로 나를 찾아온 선생님, 시청 앞 어디에 칠천 원짜리 맛있는 보리밥집이 생겼다고 좋아하던 선생님, 춘천 곳곳의 맛집을 찾아 주던 선생님, 나의 소개로 마라톤의 국민 영웅 함기용 선생님을 만나 (박선생님보다 두 살 아래, 춘천 출신) 춘천의 어린 시절을 회상하며 즐겁게 웃던 선생님….

선생님은 2016년 10월 15일 서울대 총동창신문에 '마라톤, 실존의 처절한 드라마'라는 제목의 에세이를 발표하시며 '마라톤은 불가능에 도전하고 무상의 가치를 흡족하게 받아들이는 인간 정신의 고귀한 승화다'라고 하였다. 그래서 내가 선생님은 마라톤 근처에도 안 가 보았는데 어떻게 마라톤 주자의 정신세계를 그려내는 능력이 그렇게 뛰어나느냐고 물었다. "옛날엔 달리기를 하면 춘천에서는 내가 가장 빨랐었지!" 한다. 아마 함기용 선수와는 함께 달리지 않았나 보다. 2012년 4월 내가 이른 셋의 나이로 제

116회 보스턴 마라톤에 출전하였는데 조지아 주에서 참가하는 사백여 명의 선수 중 최고령이었다. 그래서 당시 애틀랜타 일간지(Atlanta Constitution Newspaper)에서 나를 특별히 조명하였다. 선생님에게 알리니 당장 일간지를 찾아보고 미국 동남부 최고의 일간지에 소개되었다며 나도 잘 몰랐던 애틀랜타 컨스티튜션 뉴스페이퍼에 관한 역사와 발행 부수 등을 알려주었다.

어느 해인가 선생님이 헷세의 데미안 독후감을 써야 한다며 미국에 있는 나에게 책을 급히 부쳐 달라고 부탁하였다. 내가 선생님의 영향을 받아 헷세를 탐독하고 헷세의 책을 모으고 있었을 때였다. 헷세의 대표적 서정시, '자정 이후의 한 시간'이 말해 주듯이 선생님은 오늘도 눈 덮인 산길을 달그림자와 더불어 걷고 있을 것 같다. 길가에 그리고 눈과 달빛 속에 선생님만의 고독(Solitude)을 즐기며….

선생님은 여러 해 동안 자선단체인 기부 앤 기븐Give & Given의 이창식 이사장님과 함께 숲 문화(살롱)를 통해 자연의 소중함을 알리며 지냈고 행동하는 인문학 카페 활동을 하시며 후학들을 위하여 한 시도 쉬지 않았다.

여기에 생각나는 선생님의 어록 몇 개를 적어본다.

관습과 전통이 진리의 기초가 될 수는 없지 않은가?
인간의 절대 요건은 자유다. 자유의 필수조건은 자립이다.

인생의 1/3은 여가 시간이며 그 시간의 활용이 삶의 보람이다. 나는 늙어 가는 게 아니라 살아가는 것이다. 나는 나의 힘이 닿지 않는 광막한 세계가 있다는 것을 알고 있다

박선생님은 또 '마라톤의 세계' 라는 제목을 달아 다음과 같은 글을 보내왔다. 내가 알기로 박 선생님은 한 번도 마라톤 대회에 참석한 적이 없다. 세상에 또 다른 누가 이처럼 마라톤의 세계를 아름답게 그려낼 수 있을까?

"마라톤!! 낯설고 생소하고 두렵다. 42.195킬로미터는 상상할 수 없는 지옥이다. 접근할 수 없고 주눅 들게 하는 딴 세상의 이야기이다. 직접 뛴 체험을 말로는 설명할 수 없다. 뛴 사람만이 알 뿐이다. 삶의 힘은 어디서 오는가, 마라톤을 거울삼아 생각해 본다. 마라톤은 정신적·육체적으로 자기학대를 스스로 만들어 하는 운동이다. 이 본질은 극한 상황에서 마주친 인간 실존의 처절한 드라마이다. 땀과 피와 눈물로 얼룩진 몸부림이다. 삶의 저항이고 수용이다. 불가능에 도전하고 무상의 가치를 흡족하게 받아들이는 인간 정신의 고귀한 승화이다. 우리 모두 마라톤을 하자는 것이 아니다. 마라톤에 담긴 정신세계를 배우자는 것이다. 무엇을 하던 자기 위치에서 마라토너처럼 치열하게 최선을 다하며 모험을 즐기는 삶을 말한다. 그냥 배워지지 않는다. '인문학'을 중심으로 인간 경영, 인성 개발, 응용 문화, 사고의 과학화,

교양의 세련화, 취향문화 생활 등을 자유자재로 구사하며, 삶의 총체적 운행運行의 강력한 동력을 만들자는 것이다. 여기에 더하여, 고독과 외로움의 증후군에서 벗어난다. 외로움은 인간의 숙명이다. 외로움을 벗어나기 위해 남과 같이 있으려한다. 그러나 오히려 외로움 속으로 들어가 더 좋은 고독으로 도약한다. 혼자 있는 즐거움(Solitude)으로 치유받는 훈련 기법을 일상화 한다. 마라토너처럼! 모든 운동, 자연을 통한 멀티 플레이multi-play, 공부와 독서, 심미취향審美趣向, 혼자의 여행, 문화 친화생활, 개인화의 훈련, 홀로서기, 봉사활동 등 헤아릴 수 없이 많다. 선택은 각자의 몫이다.

마라톤은 이 세상에서 가장 혹독한 노동이고 고독이고 고문이다. 바위를 뚫고 자라는 나무를 보라! 바위를 붙잡고 나무는 운다. 뿌리가 부여잡은 목마름, 비바람에 홀로 단신 벌거벗고 맞선다. 죽기 살기로 뛰는 고통은 이 세상을 다 싸잡은 고독을 머금는다. 모든 고통의 신음을 토한다. 마라톤은 분·초와의 사투死鬪이다. 끝없이 지루하게 달리며 모든 것을 드러내놓고 자신을 본다. 마라토너는 정신·육체의 한계를 넘어 긍정·부정을 융합한다. 뛸 때, 한 점으로 생각이 모이고, 극한에 다다라 무아마저 버린다. 극한상황으로 내몰아 '스스로 그러함(自然)의 순리'를 깨닫는다.

결국 사유思惟하는 마라토너는 곧 괴짜이고 철학자이다. 그저 달린다. 홀로의 뒷모습 어찌 그리도 청아淸雅한가. 하나의 아름다움이 있기 위해서는 반드시 하나의 고통과 하나의 고독도 함께 있어야 한다고 믿고 달리는 사람들! 마라토너는 세상을 냉철하게 꿰뚫어보는 냉정한 합리주의자이다. 작은 샘물이 큰 강물을 이루듯 마라톤에는 많은 이야기 거리를 담고 있다. 자연과 나 사이에는, 사회와 사람과 사물 등 온갖 세상이 끼어있다. 이것들을 가능한 무시하면 더 좋고, 그 중 자연 소재를 엮어, '이완弛緩과 여백餘白'의 스파를 펼친다."

위의 선생님의 글은 마라톤을 주제로 인문학, 심리학, 철학, 자연을 넘나들며 사유하는 마라토너를 적나라하게 그려낸다. "러너 Runner는 명상/창조를 위해서 아름다운 이완상태에서 몸과 마음과 그리고 영혼이 하나가 되는 것"이라고 말한 티모시 녹스의 글을 연상하게도 한다. 그리고 달리는 철학자라고도 불려지는 조지 시한 박사(George Sheehan, M.D.)의 많은 명언들은 박상설 선생님의 생각과 여러 면에서 판박이이다. 마라톤을 통해 잠자던 자아가 깨어나고 극한 상황에 다달아 극도의 고통과 고독속에 육체와 마음과 영혼이 하나됨을 체험하는 것도 같다. 몇 예를 들어보자.

"Running is discovering the wholeness. Running is the fusion of body, mind and soul in that beautiful relaxation."

"Sport should not be experienced second-hand. Next to religion, sport is the most important function of man. It teaches us much about who we are, how we should act. Sport introduces us to the limits of our body, the working of our mind, the capabilities of social self. Runners are usually made, not born."

"To go forward, you must go back into yourself. Find your limits and then surpass them. In that successful adaptation, we attain the fitness of the body that is health, the fitness of the mind that is wisdom and the fitness of the soul that is humor. Sin is the failure to reach your potential. You must seek the limits of the possible and then go beyond. Guilt is the unlived life. Life may well be a game, but God judges the player, not the performance, not the race, but the runner. The enemy, as always, is within."

달리기는 온전함을 발견하는 것이다. 달리기는 아름다운 이완 속에서 몸과 마음과 영혼이 하나가 되는 것이다. 스포츠는 자신 스스로 체험해야 한다. 스포츠는 종교 다음으로 가장 중요한 인간의 기능으로 우리가 누구인지, 어떻게 행동해야 하는지에 대하여 가르쳐 준다. 스포츠는 우리 몸의 한계, 우리 마음의 기능, 사회적 자아의 능력을 소개해 준다. 러너는 만들어 지는 것이지 태어나는 것이 아니다. 앞으로 나아가려면 먼저 자신을 되돌아봐야 한다. 자신의 한계를 알고 이를 뛰어 넘어라. 적응에 성공해 건강한 몸의 피트니스fitness, 지혜로운 마음의 피트니스, 유머 넘치는 영혼의 피트니스에 이르라. 우리의 잠재력에 미치지 못하는 것은 죄악이다. 가능한 끝까지 추구하고 그 벽을 넘어야 한다. 삶에서 매사에 충실하지 않는 것은 죄다. 인생은 게임인지 모르지만 하나님은 대회의 결과를 심판하지 않고 러너 자신 만을 심판한다. 당신의 적은 언제나 당신 내부에 있다.

조지 시한 박사 자신은 보스턴 마라톤 등 무수한 달리기 대회를 주름잡던 우수한 달리기 선수로, 많은 달리기 대회 때 초청되어 젊은 러너들에게 자신의 비법을 전수하는 게 일종의 직업이었지만 박상설 선생님은 단지 머리로만 마라톤 세계를 그려냈으니 정말 놀라움을 금치 못하겠다. 산악인의 도전정신 위에 끊임없는 독서와 걷기로 일관한 고독을 사랑한 삶, 자연의 섭리에 자신을 맡기는 삶, 그의 철학적 인문학적 지혜와 심안을 누가 따르랴.

박상설 선생님이 펴낸 저서, 〈잘 산다는 것에 대하여〉에는 나에 대한 이야기도 나온다. 2003년 여름 가평의 가덕산 산길에서 처음 만난 나를 의사이지만 새벽에 무작정 무념으로 달리는 포레스트 검프라고 하며 "백혈병 어린이를 위한 목표 의식을 갖고 뛰는 근성의 사나이, 산과 여행을 사랑하며 인류의 평화를 염원하는 자유인이다."라고까지 극찬하였다. 지금도 부끄럽기 그지없다.

선생님은 한 없이 산길을, 숲속을 거니는 것을 좋아 하셨다. 억새풀을 헤치며 산길을 걸을 때 북녘으로 날으는 기러기 떼를 바라보며 무심히 하던 말이 생각난다. "저 기러기는 토스토에프스키가 시베리아에서 바라보던 바로 그 기러기인지도 몰라." 백오십 년에서 이백 년을 사는 기러기를 보며 카라마조프의 형제와 〈죄

함기용, 박상설(2011년 11월). 두 사람은 춘천 출신이다. 만나면 대화가 끝이 없었다. 두 사람은 음악을 사랑하고, 박선생은 클래식 음악을 전공했을 거고 함선생은 달리기 선수가 안 되었으면 피아니스트가 되었을 거라고 하였다.

왼쪽부터 함기용, 김태형, 박상설. (2011년 11월)

와 벌〉을 떠 올리는 것 같았다. 선생님은 우리시대의 진정한 호모 비아토르Homo viator(끊임없이 걷고 여행하는)가 아니었을까? 물질문명에 물들지 않는 자연인, 자연 속에서 바로 걸어 나온 원시의 자연인. 하지만 쉬임없는 독서로 루소, 헷세, 토스토에프스키와 늘 마음으로 소통하던 자연인, 나는 오늘도 그가 그립다.

2009년 나는 국립암센터를 떠나 미국 애틀랜타로 다시 귀환했다. 나의 세 번째 은퇴인 것이다. 첫 번째는 1997년 에모리 대학교 정년퇴직, 두 번째는 2005년 서울 아산병원에서 국립암센터로 옮겨갔기 때문이다. 몸은 미국에 정착하게 되었지만 박선생님과 나는 늘 이메일로 연결되어 있었다. 2011년 12월 30일 박선생님이 보내주신 이메일에는 내가 지난 한 달 동안 22개의 이메일을 보냈다고 적었다. 거의 날마다 이메일을 교환하며 지낸 셈이다. 그리고 해마다 한두 번은 한국에 들러 선생님과 서로 좋아하는 책을 나누어 읽기도 하고 가능하면 산행도 빼놓지 않았다. 이런 나를 두고 저 멀리 고국을 떠나서도 철저한 한국인일 수밖에 없는 사람이라고 하였다. 2012년 2월에 보낸 이메일에는 내가 마라톤과 텃밭 가꾸기, 산행, 여행에 중독자가 되어 뛰며 사유한다고 하였다.

애틀랜타 컨스티튜션 일간지(Atlanta Constitution Newspaper)에 "2012년 4월 15일 73세의 내가 116회 보스턴 마라톤 대회에 참석한다."는 기사가 났다. 조지아 주에서 참석하는 삼백오십다섯 명의 선수 중에 내가 가장 고령이라 소개한 것 같다. 나로서는 세 번째로 참석하는 보스턴 대회여서 특별한 감흥은 없었지만 박선생님은 이 기사를 읽으시고 브라보 브라보를 연발하며 곧 바로 답장을 주었다.

아래에 당시의 신문기사 전문을 실었다.(한국어 번역은 생략한다).

Boston Marathon field includes 73-year-old:
By Ken Sugiura, The Atlanta Journal-Constitution

When Thad Ghim lines up in Hopkinton, Mass., for the start of the 116th Boston Marathon, the retired Emory medical school professor and pediatric oncologist won't hold much hope for placing high.

For one thing, Ghim doesn't train heavily for a marathoner, typically running no more than 30 miles a week. Moreover, Ghim, 73, is on the high end of his 70-74 age group.

The 70-year-olds, Ghim said, are "spring chickens coming up."

Ghim, an Atlanta resident, can find satisfaction simply in qualifying for Monday's Boston Marathon, arguably the most prestigious marathon in the world. Only 11 percent of U.S. marathon finishers qualified for this year's race, according to Running USA, a running industry trade association.

The oldest of 355 Georgians registered for the race, Ghim also falls into a presumably one-person subset – three-time Boston entrants who got into running at the age of 47 after a near-death experience, who directed the pediatric oncology and hematology departments of two major Korean hospitals and who have offered guidance and inspiration to a younger generation of runners.

"He is such an amazing example," said Sunjune Lee, a 52-year-old Johns Creek resident who will run her first Boston Marathon Monday after taking up running about four years ago with help.

Ghim had no such aspirations one stormy Sunday morning in 1987, when he took his only son Michael to Stone Mountain for their weekly hike. Thunder and lightening chased them down the mountain, and by the time they reached the bottom, Ghim could hardly breathe. He remembered how the skies appeared yellow to him. He lay down on a bench and, until he recovered, thought he was dying.

"From then on, I was thinking, I'm not healthy," said Ghim in an interview last week.

Ghim, who came to the U.S. in 1966 from Korea for a residency at Harvard Medical School and then moved to Atlanta in 1978 to teach and practice medicine at Emory, didn't have much time for exercise. But he dusted off a pair of sneakers from the basement and began to run in his northeast Atlanta neighborhood, at first less than half a mile.

After a few years of jogging, his wife Heather suggested he enter a local 5K. He placed third in his age group. Over time, he moved to longer distances, eventually becoming a frequent age-group winner in half-marathons. He said he became motivated to try the 26.2 mile distance after hearing that Home Depot co-founder and Falcons owner Arthur Blank, a few years younger than Ghim, ran marathons.

He said he ran his first at age 53 and has run 29 total. An Atlanta Track club member, Ghim estimates he has run more than 50 half-marathons with a personal best in the 90-minute range. His fastest marathon was about 3 hours, 50 minutes. His son Michael, 37, is proud of his father's accomplishments, though he acknowledges the strangeness of thinking of his dad as a jock.

"I laugh with other people about it, how he's more athletic than I am at this point," said Michael, an emergency-room doctor in Elon, N.C.

Ghim made time to train and compete even during the 11 years he lived in Korea overseeing pediatric hematology and oncology departments at the Asan

Medical Center and then the National Cancer Center of Korea. He imported the American fund-raising practice of sponsoring marathoners to raise thousands of dollars for children's cancer charities in Korea.

Monday's race won't match his most cherished running memory - returning to the hospital from his leg of the Olympic torch relay in 1996, and conducting his own relay among young cancer patients, whose smile and delight Ghim can still picture.

But it will be a personal relay of its own. After returning from Korea in 2008, Ghim was invited to join an informal running club for beginners. At the group's Saturday morning runs at George Pierce Park in Suwanee, Ghim has shared his knowledge, good humor and example.

Ghim's qualification for the 2010 Boston Marathon inspired the group, mostly running newcomers in their 40's and 50's, to dream it for themselves. Monday, the field will include six club members including Ghim and Lee, who four years ago, couldn't even run three mile. Lee calls Ghim an inspiration and a hero.

Speaking last week, Ghim said this will probably be his

final marathon before re-considering.

"I don't know," he said. "We'll see what happens in Boston."

Limitations do not become him.

Find this article at:

http://www.ajc.com/sports/boston-marathon-field-includes-1417882.html

Bravo!! Bravo!! Hurray… 김태형 교수님,

116th BOSTON MARATHON '로고 사인 보드'를 배경으로 행동이 앞서고 우직하고 날쌘 용사들에게 꽁꽁 어는 긴장감으로 씁니다. 미국 남부의 최고의 AJC 신문에 실린 'Ghim(김)'의 마음에서 들려오는 기사를 보며, 이국異國 땅에서 자신을 붙잡고 사투死鬪를 벌이는 그의 고고孤高한 도전挑戰에 나 자신 불끈 주먹을 움켜쥔다. 어찌 그리도 스치는 바람처럼 소풍가듯 가볍게 생을 그리시는지요.

그 특별난 여정旅情은 가파른 삶의 소용돌이 속에서 삶을 돌아볼 겨를 없이 살아가는 속인俗人들에게는 바람이 잔가지를 훑고 지나가는 청풍淸風같이 여겨집니다. 세심細心하고 까탈진 'Ghim(김)'의 여정旅程에는 가슴 따뜻한 메시지로 소박素朴한 풍경의 화폭畵幅을 이끌어가는 정정靜淨함이 숨겨 있습니다.

자신을 사랑하는 일

자신을 껴안는 일

자신에게 보내는 작은 위로를 늘 기억하고, 아무도 들을 수 없는 고독孤獨과 무엇을 비우려는 호기豪氣의 교감交感이 멀리서 보입니다. 그의 온몸으로 행하는 인생의 이야기를 듣고 싶습니다. 그러나 여간해선 자신을 내세우지 않는 그가 또한 나에게는 심장心臟을 쿵쾅 뛰게 하는 조바심이요 희열喜悅입니다.

꽃 속에 돌아올 그를 맞는 화사한 봄날에!!

2012년 11월

박상설

제2장

기억에 남는 대회

나는 총 36번의 풀 마라톤을 완주했다. 이들 마라톤 하나하나가 다 기억에 남지만 그중 가장 마음에 새겨진 5개의 대회를 여기에 간추려 적어본다.

조선일보 춘천 마라톤 2회(1997년, 2006년)
2007년 춘천호반 마라톤
1997년 보스턴 마라톤Boston marathon
1997년 항공마라톤 박물관(Museum of Aviation marathon) 대회

marathon

조선일보 춘천마라톤

춘천 마라톤은 애틀랜타 마라톤을 빼고는 내가 가장 많이 달린 대회다. 나는 1997년 귀국 후 서울 아산병원에 근무하기 시작한 첫해부터 소아암 기금조성에 나섰다. 춘천 마라톤을 거점으로 매년 1미터 1원 모금운동을 시작한 것이다. 국내에서 처음 시작한 이 새로운 모금운동은 신문 보도로 세상에 알려져 적지 않은 성금이 모였다. 아산병원 백혈병 환아 보호자들의 모임인 한울타리회가 적극 후원했으며 환아의 아버지들은 5킬로미터씩 뛰며 동참하기도 했다. 병원의 홍보팀도 적극 나섰고 의사, 간호사 사무직원들이 몰려와 응원하기도 했다. 모인 성금은 환아들 치료에 큰 도움이 됐다. 그리고 애틀랜타의 교민들 특히 한국학교와 대동동우회 회원들의 협조가 컸다. 그리고 차차 이 모금운동이 방송매체를 타고 전국에 번져나가면서 유명 배우들도 동참하고 내가 좋아하던 김성환 탤런트 겸 가수는 연구실로 찾아와 모금 행사가 있으면 자기가 직접 나서겠다고 약속도 했다.

춘천 마라톤1(1997년 10월 26일)

1997년은 미국에 오래 살다가 서울에서 새로운 생활을 하게 된 첫해로 7월 19일 아산병원에 첫 출근을 했다. 물론 새로운 환경이라서 병원 관계자들과 면담, 출입국 관련 서류 정리, 환자 진료, 학생강의 외에 기숙사 선정, 짐 정리 등 정말 눈 코 뜰 시간이 없었다. 더군다나 한국에 도착하기 전 애틀랜타에 있을 때부터 계획하고 준비해 온 소아암 기금조성을 위한 마라톤을 10월에 있을 조선일보 춘천대회로 일찌감치 결정해 놓았기 때문에 더 바빴다. 나는 날마다 새벽에 성내역 부근 한강 고수부지로 나가 달렸고(주중 매일 7킬로미터, 주말 30킬로미터) 신문과 TV 방송 등에 모금 계획과 방법을 알려야 했기에 수시로 인터뷰를 했다. 모금 방식은 애틀랜타에서는 1마일 당 1 달러로 한 사람당 26달러를 모금했는데 한국에선 1미터 마다 1원으로 정하니 한 사람당 42,000원이 되니 적당한 금액이라고 생각했다.

10월 21일 반가운 손님들이 찾아왔다. 애틀랜타 모닝캄Atlanta Morning Calm 달리기 회원들(우성구, 민수종 카롤 민Carol Minn)이 모금 활동에 동조하기 위해 우정 출연으로 한국에 온 것이다. 그리고 애틀랜타 교민들의 성금 54만 원을 모아 가지고 왔다. 우리는 새벽이면 한강공원에 나가 달리며 몸을 단련했다. 대회 기록을 보니 민수종(3시간 51분 5초), 나(4시간 2분 8초), 우성구(4시간 15분 59초) 순이었다. 나는 그날 마라톤 전후에 환아 부모들의 모임인 한울타리회 회원들에 둘러쌓여 있었고 기자들이 마이크를 사방에서 들이대 정신이 없었다. 카롤은 3시간 40분 52초로 자신의 기록을 20여 분이나 갱신하고 여자 마스터 부분 전체 1위로 들어와 자신은 물론 우리 모두를 기쁘게 했다. 그는 고국에 와서 특히 소아암 환아들을 돕는 마라톤이라 더 힘이 났다고 나중에 인터뷰에서 심정을 밝혔다. 당시 캐롤은 미스 애틀랜타Miss Atlanta

로 그 미모와 성정이 아름다워 모두 부러워했고, 그가 아산병원 소아과를 찾아 환아들을 돕던 며칠 동안은 병실의 아이들은 물론 간호사들도 주위에 몰려들었다. 첫해 모금 총액은 1,200만 원이 넘었다. 그후 춘천 마라톤 대회 때마다 1,000만 원 이상의 성금이 답지해 매번 두세 명의 불우한 가정을 돕는데 큰 힘이 되었다. 그 후론 마라톤과 관계없이도 성금을 들고 오는 독지가가 나타나고, 방송인, 연예인들도 더러 찾아와 기부금을 전하곤 했다. 특히 헤어 디자이너 이경민 씨와 연예인 신애라, 오연수 씨가 내 연구실을 찾아와 바자회를 통해 모은 2천5백만 원을 놓고 간 일도 생각난다. 돌이켜보면 내가 마라톤하기를 잘 했다고 생각한다.

1997년 춘천마라톤(소아 암 기금 조성) 대회. 왼쪽부터 우성구, 카롤 민(여자 마스터스 부문 우승), 민수종, 김태형.

마라톤, 은인들, 그리고 나의 천사들

61병동에서 기금 전달차 방문한 미스 애틀랜타 카롤 민(검은 정장). 이선희 수간호사와 간호사들, 그리고 이미정과 레지던트들도 자리를 함께하였다.

한울타리 회원들과 춘천공설운동장. 미국에서 우정 출전을 온 민수종, 카롤 민, 우성구.

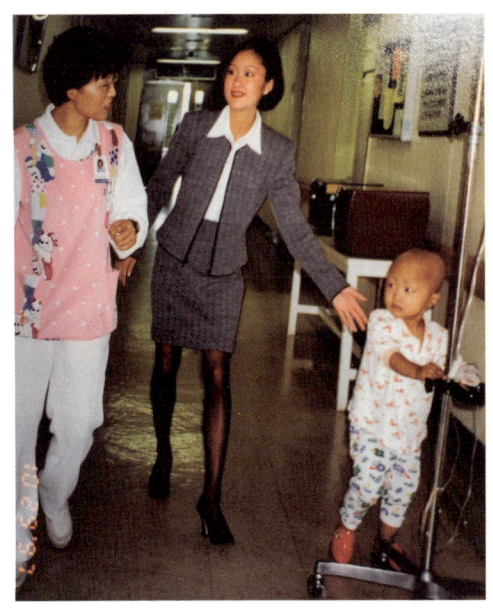

아산병원 61병동
이선희 수간호사와
카롤 민.

1997년 춘천마라톤.
민수종, 김태형, 카롤 민,
우성구.

마라톤, 은인들, 그리고 나의 천사들

춘천마라톤2(2006년)

2006년 춘천마라톤은 나의 일곱 번째 모금운동이고 또 가장 기억에 남는 마라톤 중의 하나다. 내가 그토록 만나 뵙고 싶었던 함기용 선생을 만난 대회였기 때문이다. 사연은 이렇다.

환자 종훈이의 할아버지 이건성(함기용 선배와 고려대 동문) 씨가 손자 간호차 병원을 자주 방문하셨고 그때마다 우리는 마라톤 이야기를 했다. 내가 대회가 있을 때마다 받아온 메달을 환아들 목에 걸어 주는 것도 보았다. 나의 마라톤 편력을 잘 알게 된 그는 함기용 선생을 만날 수 있도록 다리를 놓아 주었다.

2006년 춘천마라톤. 함기용, 김태형.

2006년 10월 29일 춘천의 날씨는 비교적 따뜻했고(섭씨 10도) 많은 선수가 몰려왔다. 나는 F그룹에 속해 있어 공설운동장 중간쯤 어디에 끼어서 출발 신호를 기다리고 있었다. 그런데 "김태형 교수는 본부석 앞으로 나오세요."하는 방송이 두세 번 들려왔다. 하도 뜻밖이라 반신반의하면서도 사람들 사이를 뚫고 앞으로 나갔다. 본부석 앞에 당도하니 함기용 선생이 웃으시며 손을 내밀며 반갑게 맞이해 주었다. 이것이 훗날 그의 잃어버린 보스턴 마라톤 금메달을 찾게 된 동기가 될 줄은 선생님이나 나나 전혀 예상하지 못했다.

그날 나의 기록을 찾아보니 4시간 47분 18초, 11,713명 중에 8693등이라고 적혀 있다. 그리고 그날 받은 메달은 골수이식을 받은 나의 환아 김병재에게 돌아갔다.

춘천 호반마라톤(2007년, 제4회)

서울 아산병원에서 바쁜 나날을 보내고 있던 2007년 4월 중순 함기용 선생으로부터 갑자기 연락이 왔다. "돌아오는 4월 22일 일요일에 춘천 호반마라톤 대회가 있으니 김박사가 꼭 참석해 줘요." 선생님의 카랑카랑한 목소리가 전화너머로 들려왔다. 나는 바로 일주일 전 4월 15일에 상암구장을 출발해 강변북로를 달리는 제7회 경향신문 서울마라톤 대회에서 하프 마라톤을 달린 후였다(2시간 7분 56초). 그런데 일 주일 만에 다시 마라톤을 뛰라고 하니! 사실 그때 나는 춘천 호반마라톤이 함선생님의 세계 마라톤 제패 기념 대회인 줄도 전혀 모르고 있었다. 나중에 안 일이지만 강원일보가 주관하고 풀Full, 하프Half, 10킬로미터, 5킬로미터까지 포함된 상당히 큰 규모의 대회였다.

　선생에게 일단 거절할 생각으로 "지금 몸이 많이 피곤한데요." 하니, 선생님은 벌써 춘천의 IMT 호텔도 예약해 놓았고 일본에서 원정 나온 마라톤 선수들과 저녁 식사 자리도 잡아놓았다고 하는게 아닌가. 나는 하는 수 없이 병원 일정을 조정하고 춘천으로 달려갔다. 아마추어 마라톤 선수인 내가 대회 주최자로부터 특별 초청을 받았으니 큰 영광이라고 마라톤 친구들은 나를 치켜세우기도 했다. 함선생님은 또 나에게 일본 선수들에게 미국의 마라톤계의 현황에 대해 이야기를 나누어 보라는 부탁도 하셨다. 함선생님이 초청한 이들 일본 선수들은 아주 오래전 선생님과 함께 달리던 동료 선수들이었다. 이들 일본인들의 우정 출전은 1936년 베를린에서 있었던 손기정 선수와 일본인 선수와의 일화가 떠올라 나를 많은 생각에 잠기게 했다.

　1936년 동아일보의 일장기 말살 사건으로 인해 손기정 선수와 일본 선수들과의 관계는 거의 회복 불가능 상태로 보였다. 일본 통치하에서 손기정 선수는 늘 일본 육상 선수들과 경쟁해야 했고 나라 없는 신세로 일본 육상 지도자들에게 서자 취급을 받아 울분에 젖어 있는 날이 많았다. 당시 손기정 선수는 그가 다니던 명치대 육상부의 일본 선수들과도 인연을 끊고 있었다. 일본 대학 육상부 중에서 특히 역전 마라톤 대회에서 하위권에 머물던 명치대 육상부는 손기정의 도움이 절실히 필요했지만 그는 끝내 그들의 요청을 묵살했다. 기상천외한 일이지만 손기정의 명치대 입학 조건이 그가 육상을 하지 않겠다는 조건이었던 것이다. 생각해 보라. 방금 올림픽 마라톤에서 우승한 세계적인 선수를 육상부에서 제거 시키다니! 명치대의 명성은 안중에도 없었던 일본 체육관계 고위 공무원들이 정해 놓은 결정을 어쩌랴. 따지고 보면 한국인 선수들의 불만은 일본인 육상 지도부와 일본 정부 요인들에 대한 것이었지, 현역 일본 육상 선수들에게 향한 것은 아니었던 것 같다. 손기정 선수가 체험한 베를린 대회 때의 상황은 이랬다.

당시 베를린 올림픽에서 마라톤 코치 사토는 무슨 방법을 써서라도 선수촌에 합숙 중인 일본의 시오아쿠 선수나 스스키 선수를 출전시키고 손기정이나 남승룡 선수 중 한 명은 제외하려 했다. 올림픽 출전에는 세 명만이 참가하므로, 일본인 선수 두 명을 선발하려면 적어도 조선인 선수 한 명은 탈락 시켜야 했다. 그래서 불과 마라톤 한 주 전에 베를린 현지에서 30킬로미터 선발전을 감행했다. 마라톤 경기 한 주 전에는 모든 훈련을 마무리하고 대회에 대비해 몸을 추스려야 하는데도 말이다. 이를 모를 리 없는 사토 코치는 경기 도중 일본 선수 시오아쿠가 정해진 코스를 벗어나 사잇길로 들어오는 것을 모르는 체 했다. 하지만 어쩌랴!

손기정과 남승룡은 정해진 코스를 다 뛰고도 시오아쿠보다 더 빨리 들어왔으니 말이다. 올림픽 마라톤 대회 한 주일 전에 무리하게 급조된 30킬로미터의 선발전. 이런 코치진의 치졸한 행동들이 손기정의 기록에 악영향을 끼쳤겠지만, 손기정과 남승룡 선수를 오히려 오직 경기에만 더 몰입하게 했는지 모른다!

나는 이런저런 생각을 떠올리며 두 일본 선수들과 함께한 자리에서 함선생님과 즐거운 저녁 식사 시간을 보냈다. 나는 영어와 서툰 일본말로 대화를 이어가고 함선생님은 유창한 일본말로 이야기를 나누었다. 역시 스포츠에는 국경이 없었다. 나는 일본 선수들에게 멀리 일본에서 춘천까지 원정 온 데 대해 감사의 뜻을 표했고 또 그들은 다음 해에도 함선생님을 위해 가능한 한 다시 올 것이라고 했다.

다음 날, 일본 선수들과 함께 경기장에 나선 아침은 쾌청했다. 나는 전 주에 하프 마라톤을 뛰어서 나의 체력을 생각해서 풀 마라톤 대신 하프 마라톤을 선택했다. 오전 경기 온도는 평균 섭씨 14도, 달리기엔 좀 더운 편이었다. 하지만 함선생님 앞이라 기나긴 언덕길을 오르면서도 나름 열심히 달린 기억이 난다(내 기록은 2시간 2분 25초). 지금도 함선생님의 배려에 감사한 마음이다. 그리고 춘천호반 마라톤이 계속 이어지고 있음에 마음이 뿌듯하지만 선생님이 지난해에 작고 하셨는데 올해는 대회 부분에 장거리인 풀과 하프 코스가 빠지고 5킬로미터와 10킬로미터 경기로만 치러져 마음이 심란하다. 혹시 코로나의 여파로 대회의 규모가 축소되었는지는 몰라도 함기용 선생님의 보스턴 마라톤 재패의 위업만은 후배들의 마음속에 오래오래 남아 있었으면 하는 바람이다.

신문예 2023 119호

보스턴 마라톤(1997년, 제101회)

보스턴 마라톤은 많은 마라톤 러너들의 선망의 대상이고 실제로 마라톤 완주를 경험한 선수 중에서 10퍼센트 정도가 참가자격을 얻는다. 누구든 처음으로 홉킨턴Hopkinton 출발선에 나란히 서게 되면 러너들의 기쁨은 하늘을 찌른다. 나도 그랬다. 만 쉰일곱인 나에게 당시의 참가 자격은 3시간 35분, 나는 늘 3시간 50분대를 오르내려 조마조마 했다. 하지만 의사들에게는 4시간 미만이면 대개는 참가 자격을 주던 시절이었다. 의사들에게 건강홍보대사역을 권장하는 의도가 숨어 있던 것 같다. 올해의 참가 선수는 11,495명, 그 중 내 번호는 8742번, 앞뒤에 늘어선 선수들의 튼튼한 다리가 나를 기죽게 하고 다들 나보다 훈련이 잘돼 있는 것처럼 보였다. 하지만 아무리 전세계에서 모인 건각들이지만 내가 배정받은 번호의 체면을 살리기 위해 나는 8,742명 이내로는 들어와야 한다고 다짐했다. 그리고 목표 기록을 4시간으로 잡고 (하프 지점의 목표는 2시간) 전반과 후반을 같은 페이스로 달려 나갔다. 보스턴에 오기 전 지난 석달 사이에 두 번의 마라톤, 항공 뮤지움 마라톤(Museum of Aviation, 1997년 1월 8일, 4시간 5분 51초)과 스모키 마운틴 마라톤(1997년 2월 22일, 4시간 2분 27초)을 포함한 여러 중장거리 훈련으로 몸을 단련해 온 터라 나름대로 자신은 있었다. 뛰기 전날 마라톤 엑스포Marathon Expo에선 당시 육상 잡지(Running Journal)의 인기 칼럼니스트인 낸시 클락Nancy Clark 영양사가 강의를 하고 있었다. '마라톤 전날의 영양섭취'라는 제목으로 기억되지만 나는 파스타 로딩Pasta loading 등 양식엔 큰 관심이 없었다. 대신 마라톤 전날 밤 보스턴에 사는 의대 동기 박태영 부부가 호텔로 찾아와 한식과 일식 두 가지를 곱빼기로 사 줘서 영양 보충을 단단히 해두고 잠을 푹 잤다. 아침엔 호텔 뷔페에서도 두둑히 먹고 또 아내가 준비해준 토스트와 바나나를 챙겨 출발지점에 가서 칼로리 보충을 한 번 더 했다. 뛰는 도중에 먹을 수 있도록 양쪽 주머니에 파워 바power bar를 넣는 것도 잊지 않았다 (당시에는 파워 젤Power gel은 없었던 걸로 기억됨). 지금 생각해도 소화가 안 돼 늘 고생하던 내가 뛰는 내내 배탈이 나지 않은 게 이상할 정도다.

공중에는 헬리콥터, 길 양 옆에는 환호하는 군중의 응원소리로 고막이 먹먹할 정도였다. 지나치는 마을마다 색다른 축제의 분위기에 휩싸여 나는 몸과 마음이 공중에 뜬 기분이었다. 보스턴에 오기 전 여러 도시에서 마라톤을 뛰어 봤지만 아직까지 보스턴만큼 열광하는 군중을 본 적이 없었다. 신문보도로는 100만

명이 응원을 나왔다고 했다. 17마일과 21마일 지점의 가파른 언덕은 그 소문난 심장파열 언덕(Heartbreak Hill)이다. 옛날 1947년 서윤복 선배가 이 언덕을 단숨에 달려갔을 거라고 생각하며 나도 온 몸의 힘을 모으고 이를 악물고 달렸다. 1950년 함기용 선배는 이 언덕을 치닫다가 뒤를 돌아다보니 아무도 쫓아오지 않아 두 세 차례나 걷고 뛰기를 반복해 지금도 그를 걷기 챔피언(Walking champion)이라 부른다. 두세 번 걸었다고 내가 말하는 이유는 당시의 신문 보도에는 세 번, 함선수 당사자는 두 번이라고 기억하시기 때문이다. 훗날, 함 선생님에게 걷기 챔피언이 된 사유를 직접 여쭈어 보니 기막힌 사연이 숨어 있었다. 당시 경제적으로 어려운 여건에서 훈련을 받다 보니 제대로 된 신발은 신어볼 수가 없었다. 선수들에게 제공된 것은 미군부대에서 흘러나온 폐차된 차의 타이어 조각으로 기워 엮은 무거운 신발이었다. 그런데 보스턴에 도착한 후에 손기정 감독이 백화점에 가서 사다 준 운동화가 꼭 맘에 들었다. 솜같이 가벼운 운동화를 처음으로 신어보니 정말 날 것 같았다고 회상하신다. 그래서 한참 날다 보니(?) 너무 빨리 혼자 달려나간 것 같아 쉬엄쉬엄 뛰셨노라고 웃으시며 걷기 챔피언의 유래를 이야기해 주었다.

심장파열 언덕을 지나니 평탄한 보스턴 시가지가 보이기 시작하고 25마일 지점부터는 다리에 새로운 힘도 솟아나 여러 선수들을 따라 잡으며 단거리 선수처럼 질주를 했다. 그 순간의 희열은 마라톤 주자가 아니면 도저히 이해할 수 없을 것이다. 이런 러닝 하이Running High의 현상을 흔히 엔돌핀endorphin 분비와 연관시킨다. 나는 전날 든든히 먹어둔 한국 전래의 밥심이 한몫 했으리라고 웃어 본다. 후에 내 기록을 보니 하프 지점 통과가 1시간 56분 57초, 언덕이 많은 후반이 2시간 58초로 그 차이가 6분 15초로 전후반의 페이스 조절이 비교적 잘 되었다고 생각 했다. 선두 그룹 선수들은 전후반 시간의 차이가 거의 없고 극소수의 엘리트 선수들은 후반이 더 빠르기도 하지만 보통 선수들은 시간이 지날수록 힘이 빠져 흔히 후반 기록이 전반보다 30분 정도는 더 느리다. 참 보스턴 마라톤 코스 중간쯤에서 웨슬리 대학(Wesley College) 여학생들의 아름다운 몸짓과 환성은 지금도 내 뇌리에 남아 있다.

1997년 나의 첫 번째 보스턴 참가가 더욱 뜻 깊은 것은 보스턴 마라톤 엑스포에서 처음으로 직접 만난 세 명의 저명한 마라톤 선수들 때문이다. 오랜 시간이 흐른 지금까지 나는 그들을 잊을 수가 없다. 한 사람은 1972년 올림픽 금메달, 1976년 올림픽 은메달을 딴 미국민의 영웅 프랭크 쇼터Frank Shorter다. 'For Thad, The Best of luck in your first (Boston) marathon(태드, 잘 달려요).'라고 싸인 한 사진을 건네 준 그와 대화를 나누었다. 그리고 또 한 사람은 1978년부터 1980년까지 보스턴 대회를 삼 년 연속 우승한 보스턴 마라톤의 전설 빌 로저스Bill Rodgers다. 마지막으로 특히 나와 오랜 대화를 나누었던 〈Boston Marathon, The First Century of the World's Premier Running Event〉의 저자 톰 더데리안Tom Derderian 씨이다. 그가 출판한 책에 'For Thad Ghim, You have followed the great tradition of Korean runners in the Boston marathon(보스턴 마라톤에서 한국인의 위대한 전통을 이어가는 태드 김)이라며 나를 치켜세우는 문구를 넣어 사인을 해 주었다. 그는 1947년과 1950년 서윤복과 함기용 선수의 우승 배경을 누구보다 잘 알고 있었다. 그는 1947년 서윤복 선수의 우승은 감독 겸 선수로 온 손기정의 배려가 컸다고 했다. 그 까닭을 물으니 당시 유교의 풍습으로 손기정 선수가 출전

프랭크 쇼터, 김태형.

1997년 보스턴 마라톤 결승선.

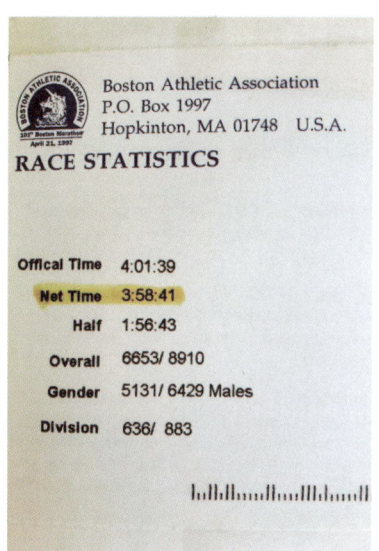
보스턴 마라톤 배번호와 기록증.

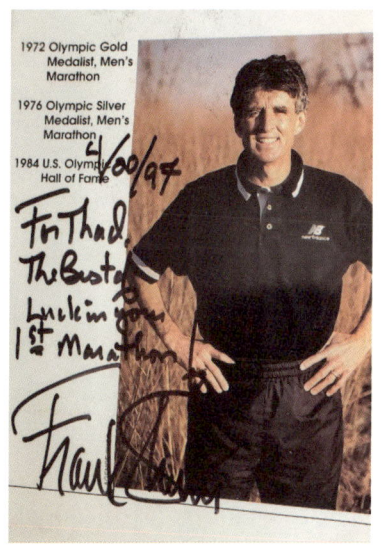
프랭크 쇼터와 싸인.

톰 더데리안의 싸인.

했다면 서윤복 선수가 대선배인 손기정 선수를 제치고 우승을 했겠냐고 반문했다. 그 수수께끼 같은 의문이 풀리지 않아 몇 년 뒤에 함기용 선생을 만난 자리에서 그 일에 대해 물어보았다. "김 박사, 복잡하게 생각할 것 없어요. 손기정 선수는 1936년 베를린 우승한 뒤 십일 년의 공백기가 있었고 당시 서른여섯이나 되었는데 그 동안 연습이나 제대로 했겠어?"라며 일축을 하였다.

애틀랜타로 돌아오는 비행기에서 보스턴 마라톤을 완주한 선수들을 축하한다는 승무원의 특별 안내방송을 들으며 나는 계속해서 달리기로 건강을 유지할 것을 다짐했다. 그리고 애틀랜타에 사는 몇몇 달리기 친구도 열심히 훈련해 일이 년 뒤에는 함께 보스턴에 가면 얼마나 좋을까 생각을 했다.

항공 마라톤 뮤지엄(Museum of Aviation Marathon) 대회
(1997년 1월 18일)

우리는 뷰포드 고속도로(Buford Highway)에 있는 한국 가든 식당 앞에서 새벽 4시 30분에 모여 메이컨Macon 남쪽에 있는 워너 로빈스Warner Robins 공군기지로 두 시간을 달렸다. 대회는 아침 8시에 시작, 기온은 화씨 16도, 이렇게 추운 날씨에 마라톤에 참가하기는 처음이었다. 1월 1일에 열리는 Resolution Run(신년

결의 대회)은 아무리 추운 날씨라도 정오쯤 시작하고 거리도 5킬로미터에서 10킬로미터밖에 안 돼 걱정이 없었지만 풀 마라톤은 네 시간여를 뛰어야 하니 걱정이 태산이었다. 또 넓은 활주로 한 구석에 쳐 놓은 텐트 안에서 운동복으로 갈아입고 출발선에 섰을 때는 하도 추워 정말 몸이 꽁꽁 얼어버리는 줄 알았다. 네 명이 한 조로 뛰는 팀대항전에 등록한 우리는 한 명이라도 낙오가 되면 큰일이기 때문에 전원 무사히 결승선에 도달할 수 있도록 치밀하게 전략을 세웠다. 처음 18마일까지는 1마일 당 1분씩 꼭 걷기로 약속하고 18마일 지점에 이르면 각자의 실력대로 마음껏 속도를 내서 달리기로 했다. 평소 꾸준히 몸을 단련해 온 우리는

팀 우승 트로피 수상자들. 왼쪽부터 우성구, 민수종, 카롤 민, 김태형.

오래 기억에 남을 뜻 깊은 이번 제1회 워너 로빈스 대회에서 팀 우승을 목표로 잡았다. 그것도 한국인으로만 꾸린 팀으로 말이다. 다행히 결과는 원하던 대로 되었다.

김태형(4시간 5분 41초), 카롤 민(4시간 5분 54초), 민수종(4시간 12분), 우성구(4시간 21분 45초) 등 전원이 낙오 없이 결승선을 통과했고 팀 우승의 영광을 누렸다. 개인별 시상에서도 카롤 민은 전체 여자부 2위, 김태형은 동년배(Age Group) 2위로 트로피를 받았다. 이십 년이 훨씬 지난 지금도 우리는 그때 일을 회상하며 즐거운 추억에 젖곤 한다. 요즈음은 본부석을 텐트가 아닌 난방시설과 실내 화장실을 갖춘 큰 건물 안으로 옮기어서 옷을 갈아입기도 편하고, 마음대로 먹을 수 있는 커피, 빵, 과일 등도 갖춰 놓았으니 격세지감을 느끼게 한다.

제3장

나의 러닝 클럽

1987년부터 사십 년쯤을 달리면서 한국과 미국을 오가며 내가 직접 시작 했거나 또는 몸 담았던 달리기 클럽(Running Club)이 몇 개 있다. 그 중 모닝캄클럽(Morning Calm Runner's Club), 바카스 클럽(BAKAS Club), 애틀랜타 트랙 클럽(ATC), 아산병원 마라톤 클럽, 건강달림이 동우회를 여기에 간략히 소개한다.

marathon

모닝 캄(Morning Calm Runner's Club) 클럽

누구나 첫 사랑을 그리워하듯이 나와 첫 인연을 맺은 모닝 캄을 나는 평생 잊지 못할 것 같다. 1995년 1월 6일에 창립되었고 한인 일곱 가족 열다섯 명으로 구성되었다. 조지아 주에서는 단연 처음이고 미국 전역을 망라해도 그리 뒤지지 않는다. 그리고 클럽의 정관에 적혀 있던 창립 목적이 이십팔 년이 지난 지금까지 나의 기억에 생생히 떠오른다.

하나. 달리기를 통해 애틀랜타에 거주하는 한인들의 친목과 건강을 증진한다.

하나. 1996년 애틀랜타 하계 올림픽에 참석하는 한국 올림픽 선수단에 편의를 제공한다(올림픽 마라톤 코스 안내, 교통편, 훈련장소 제공, 올림픽 단체응원).

하나. 자체 달리기 대회를 개최하고(한국학교 돕기 모금 등), 달리기를 통한 한인 청소년들의 건강증진을 도모한다.

하나. 애틀랜타 트랙 클럽(ATC: Atlanta Track Club: 회장 줄리아 에몬스 Julia Emmons, 회원수 12,000명, 미국에서 두번째로 큰 클럽)과 연계해 달리기에 관한 지식 공유와 한인들의 각종 ATC 대회의 참가를 독려한다.

하나. 한·미간의 마라톤 교류(애틀랜타 마라톤에 참가할 한국 선수들 초청)를 추진한다.

나는 우리 모닝 캄 클럽의 급선무는 달리기를 통한 회원들의 건강증진 외에 ATC와 긴밀한 관계를 유지하며 ATC의 도움을 받는 일이라고 생각했다. 우리는 모닝 캄으로 정식 출범 전인 1987년경 부터 차타후치 공원(Chattahoochee Park), 돌산 공원(Stone Mountain Park) 등에 모여 규칙적으로 몸을 단련했고 그 결과 1995년 광복 50주년 한인 마라톤에선 남녀 선수 모두 메달을 거의 휩쓸었다. 노년부에선 김태형, 민수종, 우성구가 1, 2, 3등을 차지했고, 여자부에선 민경진이 우승했다. 특히 나는 전체 3위에 올랐다.

그리고 우리 달리기 클럽의 목표의 하나인 한미교류의 시작을 1998년 10월 26일 추수감사절 마라톤으로 정하고 한국의 정상급 마라톤 선수를 초빙할 계획을 세웠다. 우선 ATC 회장인 줄리아 에몬스를 만나 의논을 했다. 사실 ATC 대회의 꽃인 애틀랜타 피치트리Atlanta Peachtree 10킬로미터와 달리 세계적인 선수가 참가한 적이 없는 애틀랜타 추수 감사절 마라톤 대회는 뉴욕이나 보스턴 또는 시카고 대회에 비해 우승자의 기록이 늘 저조했다. 우승한 선수들의 역대 기록도 2시간 40분 전후에 미무른다. 그래서 줄리아에게 내가 먼저 제안을 했다. 한국에서 우수한 선수들을 불러올 테니 최소한 왕복 항공권과 호텔 숙박비를 제공하면 어떻겠느냐고 물었다. 그러면 애틀랜타 마라톤의 우승 기록이 좋아져 차후에는 좋은 선수들이 전세계에서 몰려오지 않겠냐고 했다. 그러나 줄리아의 생각은 달랐다. 애틀랜타 추수감사절 마라톤은 지역 선수들이 가족처럼 친선으로 뛰는 대회로 남고 싶단다. 사실 오래전부터 애틀랜타의 추수감사절 마라톤 대회는 애틀랜타 시민들에게 환영을 못 받고 있었다. 교통 혼잡으로 교회에 참석이 불편하다는 이유에서다. 줄리아와 만난 뒤 차선책으로 나는 국가대표 선수들 대신 내 친구들을 초청하기로 했다. 1997년 부터 동아 마라톤이나 조선일보 춘천 마라톤을 함께 달리며 알고 지내던 고이섭(40세)과 전명환(51세) 달리기 고수들이 생각났다. 이들의 실력이라면 우승까지도 바라볼 수 있겠다고 생각했다. 줄리아의 선처로 등록비 면제만 받은 이들은 우리 집에서 숙식을 하며 대회에 대비했다. 줄리아는 그들이 갖고 온 태극기를 대회 날 성조기와 나란히 본부석에 달아주는 아량을 베풀었다. 이때 처음으로 애틀랜타 추수감사절 마라톤 대회에 태극기가 게양되었다.

참고로 이날 고이섭의 기록은 2시간 57분, 전명환의 기록은 3시간 2분으로 본인들의 최고 기록에 10분 내지 20분이나 뒤쳐진 기록이어서 우승은 놓치고 동년배 그룹 메달(Age group medal) 권에 머물렀다. 줄리아는 경기 후 이들에게 다가와 내년에도 출전해 달라는 부탁은 잊지 않았다.

애틀랜타 추수감사절 마라톤 대회에 태극기가 게양되었다.

줄리아 에몬스 ATC 회장과 저자 김태형.

제3장 | 나의 러닝 클럽

고이섭,
줄리아 에몬스
회장,
전명환
(서울 마라톤 클럽
부회장).

하프 마라톤을
완주한 아내
김경숙과 김태형.

내가 모닝 캄 회원으로 가장 자랑스러웠던 일은 모닝 캄 회원들이 모두 나서서 한국에서 전지훈련 온 마라톤 선수들을 내 일처럼 도운 일이다. 1995년 8월 27일에는 한국전력의 주형걸 감독과 김재룡 주장이 이끄는 한전 선수들과 차타후치 공원에서 훈련을 하고, 오후에는 이들과 마라톤 코스를 답사했으며, 곧 이어 9월 3일에는 정봉수 감독이 이끄는 코오롱 팀의 황영조, 이봉주 선수들과 올림픽 마라톤 코스를 함께 달렸다. 얼마 후 드디어 국내 선발전을 통해 공식적으로 1996년 올림픽 마라톤 팀이 확정됐다. 남자 선수로 김완기, 김이용, 이봉주(황영조 탈락)였고 여자부에는 오미자(쌍방울)와 이미경(코오롱) 선수였다. 감독은 코오롱의 정봉수 감독 그리고 오인환 코치와 김순덕 주무가 뒷받침했다(사진). 이들이 애틀랜타 캘러웨이 가든 호텔Atlanta Callaway Garden Hotel에서 머문 18일 동안(1996년 5월 10일~5월 28일) 우리는 정말 눈코 뜰 사이 없이 바빴다(사진). 마리스트Marist 고등학교 트랙에서 템포 런Tempo run, 실제 마라톤 코스에서 새벽 러닝Running, 차타후치 공원 하루 두 번 오래 달리기(Long Run) 등을 도우며 쫓아다니던 일이 생각난다. 아! 그리고 뷔페 식당에서 엄청난 양의 음식을 소화해 내는 선수들을 놀란 눈으로 지켜보았다. 이때 우리 클럽의 민수종, 우성구, 설재규 회원 등이 수고를 많이 했다.

한국에서 온 올림픽 마라톤 선수들을 응원하는 모습. 한국학교 플래카드와 태극기를 앞세운 미세스 우와 김경숙 한국학교 교장.

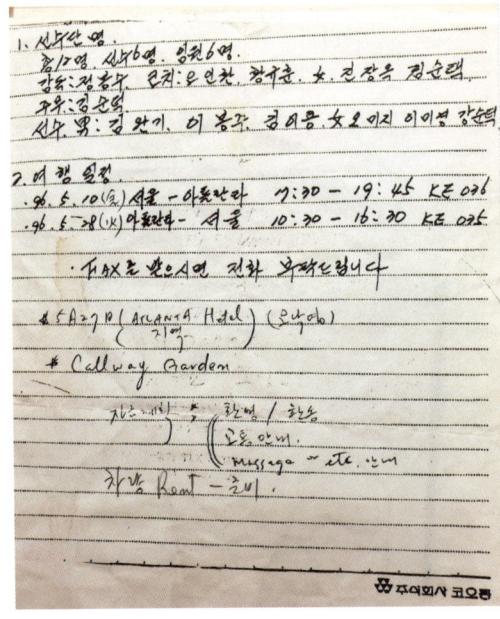

1996년 한국 올림픽 선수 대표단 명단과 일정.

마라톤, 은인들, 그리고 나의 천사들

한국전력의 주형걸 감독, 김재룡 주장과 함께. (1995년 8월 27일)

1996년 올림픽 마라톤 대표단. 선수 6명, 임원 6명. 선수들-김완기, 김이용, 이봉주, 오미자, 이미정, 강순덕, 감독 정봉수, 코치 오인환, 황규훈, 진장옥, 김순택, 주무 김순덕 그리고 모닝 캄 회원들.

황영조, 이봉주 선수와 정봉수 감독, 모닝 캄 클럽의 설재규 내외, 우성구 내외 등이 보인다. Korean Restaurant(한국관) 앞에서. (1995년 2월 9일)

모닝 캄 회원인 민수종과 전지훈련 온 황영조 선수와 김태형. (1995년)

바카스 클럽

바카스 클럽(BAKAS Club)은 2009년 1월 창설된 마라톤 동호회다. 보스턴 마라톤에 입성하는 것을 목표로 처음 다섯 명의 애틀랜타 거주 한인 아마추어 러너들이 모여 손경문 회장을 중심으로 스톤 마운틴에서 뛰기 시작했다. 마침 그 무렵 내가 국립암센터를 퇴직하고 애틀랜타로 돌아와 혼자 훈련하고 있을 땐데 오랜 달리기 동료이자 최광도 태권도 사범인 우성구가 이 클럽을 알려줘 최선호, 이태기, 이선준 등과 만나게 되었다. 그때 이미 오래전부터 나를 도와 모금운동을 하며 함께 뛰었던 우성구 외에 손경문 회장을 비롯한 나머지 세 명은 BQ(Boston qualifying: 보스턴 예선)가 뭔지 Sub-3, Sub-4가 뭔지도 모르던 사오십 대의 완전 초보 러너였다.

그러나 이들은 불과 일 년 후 2010년 1월 17일 항공박물관 마라톤(Museum of Aviation in Macon, Georgia) 대회에 출전해 여자 선수인 이선준을 제외한 나머지 세 명(손경문, 이태기, 최선호)이 BQ가 되었다. 열정과 의욕이 넘치던 그들의 명성과 실력은 지역사회에 곧 퍼져나가 많은 달림이들이 합류하게 되었고 스와니 크릭 공원(Suwanee Creek Park)으로 장소를 이전 보스턴 마라톤 예선 시간(Qualifying Time) 기록을 만들고자 코치도 없이 서로 독려하며 독학으로 매진하였다. 클럽 이름도 보스턴 마라톤 BQ를 지향한다는 의미로 BAKAS(Boston Athletic Korean Associations @ Atlanta), 한국어로는 바카스 클럽으로 명명하였다. 한 가지 재미있는 것은 클럽 멤버들의 닉네임을 곤충 이름으로 작명하여 (뛰는 동안은 지위와 타이틀을 내려놓고, 자연에서 뛰노는 한 마리의 벌레처럼 겸손하고 소박하게 임하자는 의미로) 여치, 거미, 불개미, 사마귀, 무당벌레가 있었고 나는 매미로 통하게 되었다.

마침내 2011년 4월 19일, 나는 바카스 클럽 보스턴 마라톤 1회 출전자(최선호, 이태기, 손경문. 이선준은 로드 메니저로 동행)들과 함께 다시 보스턴으로 달려갔다. 혼자서 뛰었어도 감동적인 대회를 젊은 친구들과 같이 달리니 1950년 함기용, 송길윤, 최윤칠 등이 1, 2, 3등을 싹쓸이 했을 때 기분이 이렇지 않았을까 싶게 벅차고 기뻤다. 대회 종료 후 동료들과 보스턴 유니폼을 입은 채 역사 깊은 보스턴 유적지를 관광하고 유명한 랍스터를 먹었던 일도 행복한 추억으로 남아있다.

바카스 클럽은 이후 나날이 승승장구해 이석균, 이석천, 이찬호, 박병관, 임경석, 김용주, 김희선, 이종량, 조셉 리Joseph Lee, 김민수, 윤정진, 김재관, 김현숙 선수 등과 같은 걸출한 아마추어 마라토너를 양산해 지역의 각종 달리기 대회는 나가기만 하면 에이지 그룹 1, 2, 3등을 석권하고 있다. 내년 2024년에는 이십 명이나 보스턴 마라톤 대회 참가자격을 따냈으니 애틀랜타에서는 물론 전국적으로도 이렇게 달리기 고수가 많이 집결된 클럽은 찾기 힘들 것 같다. 2012년 조지 피어스 공원(George Pierce Park)으로 이전한 후에도, 매주 토요일 함께 훈련하거나 단체로 마라톤 대회에 참석하곤 했다. 땀 흘리고 난 후 그들과 나누던 맛난 음식과 담소는 함께 뛰는 기쁨에 즐거움을 더했다. 하지만 2019년 폐암 수술 이후는 함께 달리지 못하고 있어 아쉬움이 크다. 지금도 클럽의 대소사에 연락을 주고 초대를 해주어 가끔씩 만나 추억의 달리기 무용담을 나누곤 한다.

최근 바카스 클럽 멤버들(2023년 4월 15일). 보스턴 마라톤을 이미 뛰었거나 2024년 보스턴 마라톤에 예선을 통과한 선수들이 함께 모였다. 뒷줄 맨 오른쪽이 이찬호 현재 바카스 회장. 첫 줄 가운데 파란 운동화를 신은 저자 김태형.

제3장 | 나의 러닝 클럽

조지 피어스 공원을 달리는(12~20마일의 장거리 달리기) 회원들. (2023년 7월 22일 토요일)

마라톤, 은인들, 그리고 나의 천사들

애틀랜타 트랙 클럽

애틀랜타 트랙 클럽(ATC: Atlanta Track Club)은 오늘날까지 삼십 년 넘게 내 마라톤 인생과 함께 해온 나의 분신 같은 존재다. 2021년 기준 이만팔천 명의 회원을 가졌으니 미국에서 가장 큰 달리기 클럽 중 하나가 될 거다. 지역사회에 건강과 운동의 가치를 지원하는 역할이 주 이지만 어린이들을 위한 일 킬로미터(Kilometer Kids) 프로그램 등도 있어 청소년들의 건강 진흥에 관심이 많은 소아과 의사인 나에게 큰 감동을 주고 있다. 각종 자원봉사(Volunteer Program)도 어른뿐 아니라 어린이들에게 책임감을 심어 주기에 충분하다. 나는 1987년 달리기를 시작한 이래 1989년 첫 5킬로미터 대회에 참석하면서부터 ATC 회원이 되어 연중 16번 열리는 ATC 대회에 최소 열 번 이상 등록해(1월 1일 Resolution Run으로 시작해 Cross country run, 계주, 트랙 경주 등), 여러 종목 중에 장거리에 참석했고 여기에 그랑프리Grand prix 대회에는 빠져 있는 마라톤도 매년 한두 번은 뛰었다. 그래서 1995년에는 그랑프리 2등상을 받았고 이듬해 1996년에는 그랑프리 3등상을 받는 영예를 얻었다. 1997년 이후론 한국으로 이주해 그랑프리상과는 인연이 멀어졌다. 항상 달리기에 흠뻑 빠져 있던 당시 내 나이가 쉰여섯, 쉰일곱이었다. ATC 회원 수가 만이천 명이나 되어 나와 경쟁했던 선수들도 부지 기수였다고 생각이 든다.

나는 대회 참가 이외에 ATC가 필요로 하는 봉사자로도 가끔 활약했다. ATC 자원봉사자로는 우리 회원인 설재규를 능가하는 사람이 없다. 그는 대회에 참가하는 것보다 자원봉사자로 참가하는 게 더 적성에 맞는 사람인 것 같다. 또 우리 모닝 캄 회원들이 한 조가 되어 1995년 10월 1일 릴레이(Ekiden) 대회에 참가하기도 했다. 이봉조, 민수종, 설재규와 내가 한조가 되었고 팀 이름은 Morning Calmly, Seoul to Atlanta(차분하게 아침, 서울에서 애틀랜타까지)로 정하고 피드몬트 공원(Piedmont Park)에서 마라톤 거리를 달려 3시간 27분 24초의 기록으로 결승선을 통과했다. 우리는 이렇게 온갖 ATC 대회에 참여해 많은 ATC 회원들과 교분을 이어갔고 회장인 줄리아 에몬스와도 좋은 인연이 생겼다.

ATC의 회장(Executive director)인 줄리아는 독립기념일에 행해지는 Peachtree Road Race 10K(복숭아길 10킬로미터)의 감독으로 활약했고 자신의 마라톤 기록도 Sub-3(2시간 59분 23초)를 보유하고 있다.

1996년
그랑 프리상.
남자 55~59세.

릴레이에 출전한 모닝 캄 선수들-민수종부부, 이봉조 부부, 설재규 부부 그리고
저자 김태형. 피드몬트 공원에서. (1995년 10월 1일)

릴레이에서 한 구간을 지나는 필자 김태형. (1995년 10월 1일)

릴레이 경기를
응원하는
설현주와 김경숙.

마라톤, 은인들, 그리고 나의 천사들

아산병원 마라톤 클럽

　1997년 아산병원으로 직장을 옮긴 한 참 후 2004년 7월 21일 아산병원에 직원들(약 오천 명)을 위한 아산병원 마라톤 클럽 발대식이 있었다. 병원 자체에서도 가끔 달리기 대회를 해서 나는 자주 노년부에서 메달을 받았다. 그래서인지 나에게는 고문이라는 자리가 주어졌다. 2004년 7월 23일에는 마라톤 클럽에서 황영조 선수를 초청해 강의를 들었다. 사람들이 강당을 메웠는데 누군가가 이런 질문을 했다. "지금 이봉주 선수가 2010년 시드니 올림픽에 나간다고 열심히 훈련하는데 그가 우승할 수 있을까요?" 이봉주와 코오롱 팀에서 한솥밥을 먹었던 황영조의 답은 냉정했다. '절대 못해요'라고. "이유가 뭐죠?" 청중에서 질문이 이어졌다. 황영조는 그의 대답을 이어갔다. '첫째, 너무 목숨을 아껴요. 그는 1996년 애틀랜타 마라톤에서 간발의 차이로(3초 차이) 준우승을 했잖아요. 남자 새끼가 죽으면 죽었지 왜 몸을 사려요. 죽었다 하고 뛰었어야 했지요. 둘째, 애틀랜타 올림픽으로 이젠 그가 너무 잘 알려져 경계 대상 1호가 됐어요. 내가 바르셀로나에서 우승할 때는 나를 아는 사람이 없었고 나를 견제하는 선수가 거의 없었어요. 셋째, 지금 이봉주의 기록은 세계기록과 5분 이상이나 벌어져요. 이것을 극복하기는 하늘의 별따기에요. 내가 바르셀로나에 출전했을 때의 세계기록은 나와 2, 3분 차이밖에 없었어요.'

실제로 2010년 시드니 올림픽에 출전한 이봉주는 24위에 그쳤다. 그리고 한 가지 부연할 것은 이 대회에서 일본의 다카하시 나오코 여자 선수가 2시간 23분 14초의 기록으로 올림픽 금메달을 받는다. 한국의 손기정, 황영조에 이어 세 번째로 올림픽 마라톤 금메달을 획득한 동양인 선수가 되었다. 다시 부연하면 사 년 뒤 2004년 아테네 올림픽에서 일본의 미즈키 노구치 여자 선수가 또 한 번 금메달을 거머쥐면서 동양인 선수의 금메달은 네 개로 불어났다. 올림픽 마라톤 금메달은 동양인으로는 한국 선수와 일본 선수가 독식하고 있는 셈이다.

건강달림이 동호회

달리기와 마라톤을 좋아하는 사람들이 모여 2005년 12월 27일 온라인 포털 사이트 다음(http://cafe.daum.net/healthrunner)에 대한혈액암협회가 주관이 되어 '달리기'라는 공통의 취미를 바탕으로 친목과 건강을 나누는 온라인 모임을 개설했다. 건강 달림이 동호회가 창설된 계기는 이렇다.

1997년 나는 서울 아산병원으로 직장을 옮겨 한국에서 마라톤 기금 조성을 위해 춘천 마라톤 대회에 참석하기 시작했다. 이때부터 여러 분야에서 암환자를 돕는 분들을 알게 됐고 우리는 끝내 달리기는 물론 산행도 함께하게 되었다. 많은 봉사자들, 의료진, 완치된 환우들이 속속 참석했고, 그 중 대한 혈액암협회의 박정숙, 추미정 그리고 서울대 어린이 병원의 강덕원, 장정애, 국립암센터의 송윤진, 박정아 선생 등이 적극 나섰다. 그동안 여러 환우 돕기 대회에 같이 참석하며 지금까지 이십오 년 넘게 우정을 나누고 있다. 또 다음 카페Daum Cafe에서 달리기 정보도 공유하고 지내왔다(김태형 교수의 마라톤 이야기 참조).

내가 지금이라도 한국을 방문하면 (나는 이젠 걷기밖에 못하지만) 또 어느 한 달리기 대회에서 이들을 만나게 될 것이다.

건강달림이 회원들. 맨 왼쪽이 강덕원 교무.

제4장

마라톤의 기원과 남은 이야기

marathon

페이디피데스와 그의 후예들

페이디피데스 Pheidippides

마라톤 하면 우리에게 가장 먼저 떠오르는 이름이 페이디피데스Pheidippides이다. 그는 기원전 490년 마라톤에서 아테네까지 42킬로미터의 거리를 쉬지 않고 달려가 아테네 시민들에게 승전보를 알리고 그 자리에서 쓰러져 숨진 고대 희랍의 전설적인 인물이다.

그렇지만 역사의 아버지로 불리는 헤로도토스의 저서 《헤로도토스 역사》에는 이 사실에 관한 기록이 없다. 플루타크 영웅전을 쓴 플루타크는 마라톤 전장에서 아테네로 달려간 실제 인물은 따로 있었고 그는 페이디피데스가 아닌 애우클레스Eucles였다고 한다.

실제로 페이디피데스는 직업적인 장거리 주자로 아테네에서 스파르타까지 246 킬로미터를 이틀 만에 또는 서른여섯 시간 만에 달려갔다고 알려졌다. 하루에 120킬로미터를 달린 셈이다. 그가 스파르타에 원정군을 요청하고 아테네로 돌아오는 길에 파르테논 산 근처에서 자연의 신神, 판Pan을 만나 나눈 신화적 이야기는 유명하다. 페이디피데스가 탈진한 상태에서 유령을 만난 것으로 추측할 수도 있지만 그는 아테네에 돌아와 장수들에게 판이 희랍을 도울 것을 약속했다고 보고 했고, 그후 아테네 군대가 마라톤 전투에서 페르시아 함대를 격파한 것은 역사적 사실로 남는다.

이렇듯 페이디피데스의 역사적인 주로走路에 대한 학설은 두 가지다. 하나는 오래전부터 전해온 마라톤 전장에서 아테네까지 동쪽에서 서쪽으로 달린 42킬로미터의 구간이다. 이는 훗날 마라톤 경기의 원형이 되어 근대 올림픽의 주 종목으로 채택되고 그 뒤로 보스턴 마라톤으로 이어져 전세계로 퍼져나갔다. 마라톤 대회는 오늘날 세계 방방곡곡에서 열리고 많은 젊은이들이 한 번쯤은 도전해 보고 싶어 한다. 이해 반해 페이디피데스는 실제로 아테네에서 스파르타까지의 246 킬로미터(마라톤 경기 거리의 거의 여섯 배)의 거리를 달려갔다고 전해온다. 이에 근거해 울트라 마라톤 대회가 생겨났다. 먼저 1983년에 창설된 스파르타슬론Spartathlon이 그 첫 번째 예다. 그 후론 100킬로미터 이상의 다양한 거리의 울트라 마라톤이나 3종 경기 등으로 이어져 오고 있다. 이제까지는 인간의 한계에 도전하고 싶은 어쩌면 달리기에 푹 빠진 극소수의 비상식적인 아니면 비범한 영혼들만이 주로 참가하고 있다.

희랍의 장거리 전령들은 먼 거리를 말보다 빨리 달렸다고 한다. 실제로 페이디피데스라는 단어는 말(馬)이 필요 없는 사람, 즉 건각健脚을 의미한다. 한편 지구 반대편 조선에도 말보다 빨리 달렸던 물지게꾼 보부상 이용익李容翊(1854-1907)이 살았다. 1882년 임오군란 때 반란 주동자들을 피해 민비의 친족인 민영익을 업고 달아나 그의 목숨을 구해주었다. 이용익은 궁중에 살던 고종과 경기도 이천의 장호원에 피신중인 민비 사이에 비밀 연락을 맡게 되면서 80킬로미터(왕복 160킬로미터)의 거리를 오가며 심부름을 했다. 그가 축지법을 사용했는지 알 수 없지만, 구한말 조선의 가장 빠른 걸음의 사나이로 알려졌다. 하루는 고종이 이용익에게 "너는 전주까지 얼마 만에 갈 수 있느냐?"고 물었다. 이용익은 "반나절이면 가지요." 하고 답했다 한다. 고종은 그의 달리기 실력을 검증하기로 했다. 전주목사에게 파발을 보내어 이용익이 도착하는 시간을 알려 달라고 통고 했던 것이다. 전주목사는 이용익이 정말 열두 시간 만에 도착한 것을 고종에게 알렸다. 오늘 날 서울서 전주까지의 고속도로의 거리는 214킬로미터이니, 이용익은 한 시간에 17.8킬로미터 달린 셈이다. 당시 정비된 도로도 없던 시절, 가벼운 선수복이 아닌 거추장스러운 두루마기를 입고 산하를 마구 달렸을 그의 초고속 스피드는 실로 상상을 초월한다. 이후 그는 전국의 광산권까지 얻고 오늘날의 경제부총리인 탁지부 대신 자리에 오른다. 애국활동으로 국민훈장 모란장도 받았고 보성전문을 설립해 초대 교주校主(이사장)를 지냈다. 그는 부귀를 뽐내지 않고 백성들을 위해 조세 탕감 정책도 구상하며 끝까지 검소하게 살았다.

　에밀 자토펙, 아베베 비킬라 등 내가 알고 있는 대부분의 장거리 달리기 선수들이 그러 하듯이 조선의 이용익도, 또 근대 올림픽 마라톤의 첫 우승자 희랍의 스피리돈 루이스 Spiridon Louis

도 사리사욕 없이 의롭고 분수에 맞는 삶을 살았던 것 같다. 아쉬운 것은 만일 이용익이 근대 올림픽 마라톤에 출전했더라면 금메달을 거머쥐지 않았을까 하는 점이다. 1896년 희랍에서 개최된 초대 올림픽에는 외국 선수들의 출전이 제한되어 있었다 하더라도 1900년 제2회 파리 하계 올림픽이나 1904년 미국 세인트루이스(St. Louis)에서 개최된 제3회 올림픽 마라톤에 이용익이 출전 했다면 금메달의 주인공이 바뀌지 않았을까? 1900년 파리에선 미셸 테아토가 2시간 59분 45초로 우승했고, 1904년 세인트루이스에선 토마스 힉스가 3시간 28분 53초로 우승했다. 이용익의 실력이라면 이들을 가볍게 물리칠 수 있었을 것 같다.

이렇듯 페이디피데스의 전설에 근거해 전승되어온 장거리 대회는 이제는 42.195킬로미터로 고정된 속칭 풀 마라톤 대회와, 이보다 몇 배의 코스를 달리는 울트라 마라톤 대회의 양대 산맥으로 갈라져 내려온다.

스파르타슬론Spartathlon

1983년에 아테네Athene와 스파르타Sparta 사이를 달리는 245.3킬로미터 거리의 스파르타슬론Spartathlon 대회가 창설된다. 고대 희랍의 올림픽에는 이렇게 긴 장거리 경주는 없었지만 마침 고대 올림픽 경기장의 발굴이 끝나면서 옛 전설속 인물인 페이디피데스가 달렸던 코스를 복원하고 싶은 여론이 무르익고 있던 때다.

제1회 스파르타슬론에는 삼백 명의 여러나라 울트라 마라톤 선수가 참가했고 그 중 절반 정도가 규정된 서른여섯 시간 내에 결승선을 통과했다. 옛날 페이디피데스에게 힘을 실어주던 희랍의 신들이 이번에도 나선 걸까? 이 첫 대회의 우승자는 어쩌면 당연하게도 희랍인 야니스 쿠로스에게 돌아갔다. 그의 기록은 놀라웠다. 21시간 53분, 그는 그 뒤에도 세 번 더 참가하여 그때마다 우승했다. 그가 아직까지 대회 기록 1위에서 4위까지를 독차지하고 있는 울트라 마라톤의 최강자로 페이디피데스가 살아있다면 놀라워했을 것이다.

언제부터인가 쿠로스는 그리스의 전통을 계승한 달리는 철학자로 불리운다. 그리고 그가 160킬로미터를 11시간 46분에 달린 기록도 있어(시간당 13.6킬로미터) 말보다 빨리 달리는 인간으로 불러지기에 손색이 없다. 그는 울트라 마라톤은 인간의 형이상학적 자질을 테스트하는 운동이라며 80킬로미터 이하에서는 달리기의 재능이 있거나 후천적으로 훈련된 선수들이 유리하지만, 80킬로미터가 넘는 대회에선 이런 선천적 재능이 도움이 안 된다고 말한다. 그리고 인간의 한계에 도전하며 수면 부족과 최악의 근육피로를 극복해야만 새로운 에너지원을 찾아내게 되고 이런 연후에야 진정한 울트라 마라토너ultramarathoner가 될 수 있다고 주장한다. 《호모 러너스Homo Runners》의 저자 스콧 주렉은 160킬로미터 이상을 달리다 보면 육체의 고통이 최고조에 이르는데 이 순간을 넘어서면 우주의 아름답고 영원함에 눈을 뜨는 깨달음의 세계로 들어갈 수 있다고 말하고 있다. 이들 울트라 마라토너의 생각들을 이해하면서도 젊어서 이들을 따라하지 못한 내가 부끄러울 뿐이다.

스파르타슬론 대회에서 아직까지 메달을 딴 한국 남자 선수는 나오지 않았다. 하지만 이웃나라 일본은 금, 은, 동 메달 수상자가 여러 번 있었다. 이제 여자 선수들의 기록을 보자. 그들의 기

올림피아 마을에 있는 기원전 8세기에 사용되던 고대 올림픽 경기장. 다양한 단거리 육상 경기가 있었고 장거리로는 5000미터와 10,000미터 종목도 있었다고 전한다. 고대 올림픽 경기장을 찾아 옷을 입은 채(고대 선수들과 달리) 200미터를 달린 김태형. (2008년 12월)

록도 놀랍기는 마찬가지다. 2017년에는 폴란드의 여자 선수 파트리챠 베레즈노우스카Patrycja Bereznowska가 24시간 48분 18초로 우승한다. 거의 시간당 10킬로미터 이상을 24시간 동안 계속 달린 셈이다. 사실 울트라 마라톤에서는 여자가 남자 선수와 대등한 레이스를 펼치곤 한다. 여자가 인내력과 지구력이 남자보다 강하고 여성의 신체 조건이 지방을 더 많이 저장하는 경향이 있어 장거리 경주에서 효율적인 에너지원이 되기 때문이다. 나의 눈길을 끈 2008년 대회에선 한국의 허숙후 선수가 참가해 여자부에서 금메달을 수상했다. 30시간 3분 22초의 기록이다. 이젠 아마 한국의 남자 선수들도 분발하지 않을까?

고대 올림픽

고대 올림픽은 기원전 776년부터 기원 후 393년까지 1169년 동안 내려온 중요한 스포츠 행사였다. 참가자격은 희랍인에 국한되었다가 차츰 외지 선수들에게도 참가를 허용하였다. 올림피아 지역 제우스 성지에서 사 년마다 개최하였는데 초기에는 육상경기가 가장 중요한 종목이었고 처음에는 단거리 달리기만 하다가 차츰 중거리와 장거리를 포함시켰다. 하지만 오늘날 우리가 알고 있는 42.195킬로미터의 마라톤 경기만큼 긴 장거리 육상 경기는 없었다. 후에 권투, 레슬링, 원반던지기, 창던지기, 마차경주, 격투기, 5종 경기 등 육상 외의 다른 종목들도 추가 되었다. 선수들은 옷을 벌거벗은 채로 대회에 참가했고 여자는 참가 권한은 물론 관람 자체도 금지였다. 서기 431년 펠로폰네소스 전쟁으로 올림픽이 쇠퇴하기 시작했고 서기 393년 제 293회 대회를 마지막으로 고대 올림픽은 종말을 고했다.

근대 올림픽

 1863년 프랑스에서 쿠베르탱이 태어난다. 학창 시절에 펜싱, 승마, 권투, 조정 등을 익히고 후에 프랑스 학교 체육교육 발전위원회 사무총장에 등극했다. 그리고 1896년에 근대 올림픽을 창설한다. 올림픽 대회는 선수들이 몸과 마음을 단련하고 국가 간의 평화의 사절이 되는 국제대회로 발전해야 된다고 믿었다. 프랑스인 미셸 브레알이 1892년에 제안하여 마라톤 코스는 고대 희랍의 전설을 재현해 마라톤 전장電場에서 아테네의 프닉스 언덕까지의 42킬로미터의 거리로 확정한다. 이렇듯 마라톤을 올림픽 주 종목에 추가하여 오늘날까지 마라톤이 올림픽의 꽃으로 주목받게 된다.

 첫 대회인 1896년엔 모두 열여덟 명의 선수가 참가했다. 그 중 열세 명이 희랍인이었고 모두 아홉 명이 완주했다. 희랍의 신들은 희랍에서는 언제나 희랍 선수들의 우승을 돕나 보다. 우승자는 감동적이게도 희랍인 스피리돈 루이스Spiridon Louis로 그의 기록은 2시간 58분 30초였다. 당시 경기장에 모인 칠만 명의 관중들은 열광했다. 관중석에 나와 있던 그리스 국왕 게오로기오스와 태자는 경기장으로 뛰어 내려가 스피리돈 루이스와 함께 달렸고 루이스는 일약 국민적 영웅이 된다. 국왕 게오로기오스는 우승한 그에게 원하는 무엇이든 주겠다고 약속을 한다. 루이스는 아테네에서 멀지 않은 곳에 살며 샘물을 떠 마차에 싣고 아테네까지 오가던 부지런한 일꾼이었지 직업적인 달리기 선수는 아니었다. 그는 국왕에게 "물 나르는데 좀 더 나은 마차와 좀 더 힘센 말 한 필을 제외하곤 아무것도 필요한 게 없습니다." 그 말만 하고는 조용히 그 자리를 떠났다고 한다.

영국 시인 로버트 브라우닝Robert Browning(1882-1889)이 페이디피데스의 전령에게 보낸 시를 읽어보면 페르시아를 무찔러 기쁨에 열광하는 페이디피데스가 전력질주 한 뒤 아테네에서 죽음에 이르는 장면을 눈으로 보게 한다.

So, when Persia was dust, all cried,
"To Akropolis!
Run, Pheidippides, one race more!
the meed is thy due!
'Athens is saved, thank Pan,' go shout!"
He flung down his shield,
Ran like fire once more: and the space 'twixt the Fennel-field
And Athens was stubble again, a field which a fire runs

through,

　Till in he broke: "Rejoice, we conquer!" Like wine thro'clay,

　Joy in his blood bursting his heart, he died--the bliss!

　So, to this day, when friend meets friend, the word of salute

　Is still "Rejoice!"--his word which brought report of the fight--

　First fought, last won,

　Died'stead of me.

　시재試才가 부족한 나는 브라우닝의 시를 번역하기 두렵다. 앞으로 많이 손봐야겠다.

　이제 페르시아는 먼지가 되니 모두 외친다.
　가자! 아크로 폴리스로!
　달려라, 페이디피데스!
　이젠 오직 하나의 경주만 남았으니,
　상償은 너, 페이디피데스의 몫이다.
　외쳐라! 아테네가 구원 됐음을.
　판 신神에게 감사하자
　방패를 내려놓은

페이디피데스가 불길처럼 달리는 구나.
아테네까지는 다시 산미나리의 초지草地가 되었다.
불길처럼 들판을 달려.
온몸이 기진맥진한 채로 너는 힘차게 외쳤다.
기뻐하라! 우리는 승리했다! 고
진흙 속으로 번져 나가는 와인처럼,
혈관을 타고 흐르는 기쁨!
가슴이 터지도록 벅찬 환희!
그리고 끝내 너는 죽고야 마는구나.
이젠 친구들 서로 만나면
인사를 건네자.
다들 기뻐하라고.
그가 전해온 전장戰場의 소식
처음에 싸웠고, 끝내는 승리했다고
아-, 페이디피데스!
그대는 나를 대신해 죽었구나.

나를 대신해 죽다니? 그 이유는 무엇일까? 강력한 중앙집권적인 페르시아보다는 고전적 예술과 철학의 전통이 살아 숨 쉬는 민주주의의 국가이고 유럽 문명의 근원인 희랍의 승리가 시인에게 더 만족스럽게 다가오지 않았을까? 또한 영국 시인 바이런 경 (1788-1824)도 희랍을 무척이나 사랑해 19세기 초에 그리스의 독립투쟁에 직접 참가했다. 그도 마라톤 전장를 둘러보고 시 몇 편을 남겼다. 희랍의 영웅들과 희랍인의 자유를 노래한 시들이다. 마라톤 전장에서 승리한 희랍의 영웅들을 그리는 '페르시아인들의 무덤 위에 올라서서'라는 시도 있다.

무슨 연유에서 일까? 나 같은 동양인도 동양제국 페르시아의 패배에 안도의 숨을 쉬고, 서양 국가인 희랍의 승전을 환호하다니!

보스턴 마라톤

아테네 올림픽에 참가했던 보스턴 출신 선수들이 본국으로 돌아와 폴 리비어Paul Revere와 윌리엄 도스William Dawes를 추모하는 마라톤 대회를 개최한다. 전령사 페이디피데스를 따른 전설의 코스를 복원하는 희랍인들의 복고적 열풍에 감명을 받아서 였을까? 리비어와 도스는 1770년대 미국 독립전쟁 당시 밤새 말을 달려 매사추세츠의 농민들에게 영국군의 진격을 알려준 영웅들이다.

이들을 추모하는 마라톤 대회가 드디어 1897년 4월 19일 애국의 날(Patriot's Day)에 개최된다. 보스턴 마라톤이 탄생한 역사적인 날이다. 근대 올림픽 창설 이듬해에 시작했으니 1897년이 보스턴 마라톤의 원년이 된다. 1, 2차 세계대전 때는 해마다 열리던 보스턴 마라톤도 위기를 맞는다. 1918년 대회는 1차대전으로 공식적인 대회는 취소 됐지만 군복을 입고 군화를 신은 군인들만의 계주로 치러진다. 보스턴 체육인협회(Boston Athletic Association: BAA)는 이런 편법으로 진행된 대회를 정식 대회로 처리했지만 이를 수긍하기는 어렵다. 그후 세계 제2차대전으로 한 번 더 위기가 찾아 왔다. 젊은 선수들이 대부분 군대에 지원해 1945년 대회에는 단지 예순일곱 명의 선수만 참가한 것이다.

이렇듯 큰 전쟁을 치르면서도 끊임없이 이어온 보스턴 마라톤은 코로나 판데믹의 고비는 넘지 못했다. 코로나가 극심하던 2020년엔 대회가 완전히 취소된 것이다. 1897년 이래 처음 있는 일이다. 또한 2013년의 폭탄테러의 끔찍한 사건도 겪었지만 대회는 매년 이어져 올해로 127회를 맞이했다. 세계 어느 곳에도 이렇게 오래된 전통을 이어가는 마라톤 대회는 없다. 우리나라 선수로는 1947년 서윤복, 1950년 함기용이 연달아 금메달을 수상했고, 그 뒤로 오십일 년이 지난 2001년에 이봉주가 한 번 더 우승을 했다. 그 후 이십삼 년이 지난 오늘까지 금메달이 나오지 않는다. 특단의 조치가 필요한 시점이다. 신임 장미란 문체부 차관은 한 인터뷰에서 생활 체육인 양성에 힘을 기울일 것이라는 포부를 밝혔다. 그의 리더십으로 인해 엘리트 마라톤 선수들의 저변도 확대되는 계기가 되었으면 한다.

	시간	성명	일시	대회명	Km/시간
한국마라톤 기록	2시간 7분 20초	이봉주	2002년 1월 3일	도쿄 국제 마라톤	21km
세계 마라톤 기록	2:01:09	킵초게	2022년 9월 25일	베를린 마라톤	21Km
제1회 올림픽	2:58:50	스피리돈 루이스	1896년	아데네 마라톤	14Km
	36시간	페이디피데스	B.C. 490년	아데네 스파르타 246Km	6.8Km
	12시간	이용익	1890년대	서울-전주 214Km	17.8Km
	21시간 53초	이아니스 쿠로스	1984년	스파르타 마라톤 246Km	약 11.17Km

*위의 도표는 200킬로미터가 넘는 장거리에서 조선의 이용익이 얼마나 빨리 뛰었는지 말해준다.

마라톤은 올림픽의 꽃?

언제부터인가 사람들은 마라톤을 올림픽의 꽃이라고 부른다. 왜 그럴까 생각해 본다. 마라톤은 다른 종목의 경기와 달리 도심지를 달린다. 그래서 많은 사람들이 몰려나와 선수들을 응원할 수 있고 비싼 올림픽 입장권을 사지 않고서도 선수들을 가까이서 볼 수 있다. 목숨까지 바쳐 조국의 승리를 알린 영웅 페이디피데스의 전설이 흐르는 마라톤, 사람들은 체력과 인내력으로 끝까지 달리는 극기의 화신들을 보며 열광한다. 어찌 마라톤을 올림픽의 꽃이라 하지 않을 수 있겠나?

마라톤이 올림픽의 꽃이라 불리는 또 하나의 이유가 있다. 근래에는 여자 마라톤을 올림픽 중간에 끼워 놓기도 하지만, 적어도 남자 마라톤은 언제나 올림픽의 마지막 날 마지막 경기로 치러진다. 폐회식이 거행되기 직전 수만 관중이 모여 있는 스타디움Stadium, 숨죽이고 기다리는 수만의 관중들, 마침내 스타디움으로 힘차게 달려 들어오는 선두주자, 어느 나라의 선수인지를 관중 모두가 눈여겨보며 우렁찬 박수가 터지기 시작하고 곧 이어 국기가 오르고 국가도 울려퍼진다. 승자는 수천 수백만 관중 앞에서 기쁨의 눈물로, 벅찬 자긍심으로, 몸과 마음은 하늘 높이 나른다.

1936년 베를린 올림픽 폐막식으로 가 본다. 수만 관중이 지켜

보는 가운데 시상대에 올라서는 가장 슬픈 모습을 한 손기정과 남승룡. 그들 머리 위엔 태극기 아닌 일장기가 오르고, 또 독일 군악대가 연주하는 기미가요가 울려퍼진다. 월계수로 가슴을 가리고 서 있는 손기정, 그 왼편에 서 있는 남승룡, 그는 가슴을 가릴 월계수가 없어 더 슬픈 표정을 하고 있다. 내 나라 내 민족을 위해 따낸 영광스런 금메달과 동메달, 하지만 나라 잃어 북받치는 울분, 솟구치는 눈물…

올림픽의 꽃이 아름답게 피어날 수 있으려면 침략 전쟁이 없어져야 한다. 세계는 더 정의로워 져야 한다. 그리고 2013년의 보스턴 마라톤 대회 때 겪었던 무차별한 폭탄테러에서 보았듯이 서로 서로를 향한 이념, 종교, 정치, 종족간의 분노도 사라져야 한다.

조깅에 대한 전직 한국 대통령들의 충고

낙엽이 흩날리는 늦가을, 애틀랜타 피치트리Peachtree를 따라 거리 한 복판을 달려갈 때 가슴에 와 닿는 바람은 그렇게 신선할 수가 없다. 예년처럼 지난해에도 추수감사절에 26.2마일의 96년도 올림픽 코스를 달리며 내 심신의 강건함을 다시 확인해 보았다. 이때의 기쁨과 자신감은 말로 표현하기 힘들다. 내 육체의 모든 세포가 100퍼센트 가동하는 것 같은 그 순간의 희열, 이것은 홀인원을 한 골프인들의 기쁨 이상 가는 것일 거라고 상상해 본다. 옆에서 함께 질주하는 천여 명의 선수들도 잊은 채 나 자신과 무한한 대화를 나눌 수 있는 기회, 그래서 나는 달리는 이 순간에도 다음 뛸 마라톤도 꿈꾼다.

나이 오십의 중반이 넘어 날마다 삼마일에서 오마일은 뛰어야 속이 풀리는 나는 어쩌면 미치광이나 귀신에 홀린 정신이상자처럼 보일 수도 있겠다. 그렇게 뛰다 잘못되어 마누라를 일찍 과부되게 할 것이냐고 겁내하던 아내, 이젠 말리기에도 지쳐 내가 밖으로 뛰쳐나가면 따라 나와 산책도 하고 얼마간 뛰기도 한다. 한 후배 의사는 무리하면 무릎이 닳아서 관절이 망가질 텐데 어쩌려고 그러느냐고 충고를 해 오지만 내 몸과 무릎이 녹슬게 놔두는 것보다는 차라리 닳도록 잘 쓰는 것이 오히려 신체를 주신 하나님께 보답하는 일이라고 생각한다.

몸무게가 줄고, 혈압이 정상이 되고, 콜레스트롤 수치가 내려가고 맥박이 떨어지는 등 신체에 좋은 변화가 오는 것은 이젠 이차적 문제가 되어버렸다. 하루라도 뛰지 않으면 몸이 찌뿌둥하고 불편하게 느껴지니 아침에 눈을 뜨는 대로 동네로 뛰어나가 달린다. 요즘은 겨울이라 새벽 5시엔 아직 어두워 동네로 신문 배달 오는 차와 충돌할 뻔한 적도 있다. 그래서 저만치서 오는 신문 배달차를 보면 나는 미리 슬슬 피해간다.

해마다 후배들에게 강의도 하고 부모님을 뵈러 한두 차례 한국에 간다. 달리기에는 서울은 교통이 너무 복잡하고 매연에 숨이 막혀서 호텔의 헬스클럽이나 중·고등학교의 흙바닥 운동장을 찾는다. 미국처럼 중·고등학교 운동장에 400미터 트랙을 만들어서 학생들은 물론이고 주말에는 일반시민과 마라톤 마니아들에게 운동장을 개방하여서 마라톤의 저변 인구를 증가시켰으면 한다.

백악관에 조깅 트랙을 만든 클린턴 미국 대통령이나 새벽에 청와대 경내를 달리는 김영삼 대통령도 신체 단련의 필요함을 절감하고 달리기를 즐긴다. 지난 달 청와대에서 네 명의 전 현직 대통령이 조찬을 나눌 때 모두가 김영삼 대통령에게 충고했다는 말이 생각난다. "연세를 생각해서라도 이젠 뛰는 것은 좀 삼가하시고 가벼운 산책이나 즐기시지요." 하고. 젊은 시절은 흘러갔어도 한평생 등산과 조깅으로 단련해 온 대통령이 이들의 충고를 받아들였을리 만무하다고 생각하며 혼자 실소를 금치 못했다.

요즘 애틀랜타에 두 개의 단체가 생겨 각기 1996년도 하계 올림픽을 후원한다고 떠들썩하다. 힘을 모아 함께 한마음으로 일하는 것이 바람직하지만, 전례를 봐서도 두 단체의 통합은 어렵겠다. 차라리 올림픽 정신을 발휘해 마라톤 경기로 심판을 내려 이긴 팀은 후원회를 맡아 하고, 진 팀은 전직대통령의 충고대로 공원에서 산책이나 즐기라고 판결하는 명심판관이 나왔으면 좋겠다.

1994년 2월

기가 막혀

오래전 내가 보스턴에서 수련의 시절을 보낼 때 들은 이야기이다. 보스턴 마라톤은 참가 자격을 얻기가 쉽지 않다. 그런데 한 50대 남자가 극기의 훈련으로 간신히 출전 자격을 따냈다. 그리고 내친 김에 대회에서 좋은 기록을 내려고 더욱 열심히 훈련을 하였다.

그런데 호사다마라고 마라톤 바로 이틀 전에 부상을 입어 발목을 심하게 다쳤다. 발목이 붓고 통증이 심했지만 일생에 한 번 올까말까 하는 기회를 포기할 수 없어 기어이 마라톤 대회에 참가하고 말았다.

그날 마라톤 코스는 처음부터 끝까지 뜨거운 불밭길의 연속이었고 통증은 극에 달했지만 오직 정신력 하나로 그는 결승선을 통과했고 곧 그 자리에 쓰러졌다.

의료 텐트에 실려 온 그를 진찰한 젊은 의사가 발목이 심하게 부어 있는 것을 보고 발목뼈가 부러진 것 같다며 엑스레이X-ray를 찍어 보자고 말했다. 그런데 환자는 정색을 하고 그 젊은 의사에게 소리를 질렀다.

"엑스레이 찍을 필요는 없어! 뼈가 부러진 것이 확실하단 말야."

이를 들은 젊은 의사는 화난 어조로 "아니 당신은 의사도 아니고 아직 엑스레이도 찍지 않았는데 발목이 부러졌는지 아닌지 어떻게 알아요?" 하고 대꾸하였다.

이에 환자는 답답하다는 듯이, "이봐 젊은이, 내가 방사선과 의사인데 어제 사진을 직접 찍어 봤어, 골절이 분명 있더라구." 하였다.

이를 들은 젊은 의사는 하도 기가 막혀 아무 말도 하지 못했다.

2023년 3월

큰 영웅, 작은 영웅

영웅 황영조 아틀란타에 오다

위는 지난 몇 주간 이곳 애틀랜타 지역신문에 자주 오르내리는 기사의 제목이다. 그리고 많은 한인들이 그를 만나보려고 애를 썼고, 사진 한 장이라도 같이 찍으려고 수단방법을 가리지 않는 모습을 보았다. 그렇다 1992년 8월 바르셀로나에서 보여준 그의 역주는 온 국민의 가슴을 시원하게 해준 청량제였다. 그 영광 뒤에는 자신과의 피나는 투쟁이 있었음을 안다. 그래서 우리는 그를 영웅으로 우러러보고 있는 것이다.

옛날에는 대개 자기의 조국을 적군의 침략에서 지켜낸 장군들이나 아예 남의 나라를 짓밟고 영토를 크게 확장한 장군을 영웅으로 일컬었다. 우리의 이순신 장군이 전자에 속하고 징기스칸이 후자에 속한다. 미국의 아이젠하워나 맥아더 장군까지도 영웅으로 볼 수 있겠다. 하지만 오늘 날의 영웅은 군인들에게서는 보기 드물다. 요즘 젊은이들에게 비치는 영웅은 국가의 충성도나 고결한 도덕 관념과는 상관이 없다. 마이클 조단, 미키맨틀, 마이클 잭슨, 엘비스 프레슬리 등 운동선수나 연예계의 스타 등이 영웅시되고 있다.

황영조, 그는 세계를 제패한 운동선수이며 대한민국의 위상을 높여준 현대 영웅의 대표적 인물이다. 나도 날마다 뛰면서 몸을 단련하고 또 정규 마라톤도 수년간 뛴 경력이 있어 그의 2시간 8분 9초의 대기록이 얼마나 엄청나고 힘든 일인지를 안다. 그래서 지난 두어 주 직장일도 소홀히 하고 그의 공항마중, 환영만찬, 그리고 올림픽 마라톤코스 안내 등으로 시간을 보내며 나 자신 즐거워했던 것이다.

난 영웅은 두 종류가 있다고 생각한다. 황영조 같은 큰 영웅과 그리고 내 주위의 작은 영웅들, 즉 평범한 생활 속에서도 자기 자신의 향상에 늘 노력하는 사람, 어려움 속에서도 비굴하지 않는 사람, 약자 편에 서는 사람, 강자에게 아부하지 않는 사람, 자기 일을 접어두고 남을 돕는 사람 그리고 꿋꿋이 항암치료를 받으며 부모님의 헌신을 고맙게 여기는 환아들…. 나는 이런 모습들을 내 주위의 친구들에게서 보며 이들을 모두 내 작은 영웅으로 여기며 살아간다.

바쁜 이민생활 중에서도 날마다 뛰며 신체를 단련해 나가는 우리 모닝캄 달리기 회원들도 내 작은 영웅들이 아닐 수 없다. 자신의 신체 능력의 한계에 꾸준히 도전하는 강한 의지, 이것이야말로 텔레비젼을 보며 남의 영광스런 모습에만 도취하는 사람들보다 얼마나 값진 것인가? 오는 11월 23일 추수감사절에 있을 애틀랜타 마라톤 경기에 남자 회원들은 26.2마일 코스, 여자 회원들은 13.1마일 반 코스에 대비해 맹훈련중인 것을 자랑스럽게 생각한다. 이번 추수감사절 마라톤 경기가 끝나면 골인 지점에서 환한 웃음을 띠며 승리를 자축할 것이다. 우리 작은 영웅들이 다 함께 모여!

1995년 9월 18일 애틀랜타 주간한국

마라톤은 인생과 닮았다?

　흔히들 마라톤을 인생에 비유한다. 둘 다 힘들고 긴 여정은 맞다. 하지만 마라톤은 방관자의 스포츠가 아니다. 마라톤을 하며 얻는 귀중한 삶의 미덕들, 용기, 인내, 끈기, 정직, 우정, 배려, 겸손, 성취감 등…. 이런 귀중한 가치들은 옛 성현들의 가르침 속에서도 배울 수 있다. 또 일상생활에서도 감흥을 주는 성직자, 이웃, 친구, 부모에게서도 얻을 수 있다. 하지만 내가 장장 세 시간에서 다섯 시간에 걸쳐 달리면서 몸으로 직접 깨우치는 것만 같을까? 발가락에 피멍 한 번 들어 본 적 없이, 타들어가는 목마름 한 번도 겪어 본 적 없이, 심장 터지는 고통 한 번도 당해 본 적 없이 쉽게 마라톤을 거론해서는 안 된다.
　미인을 가장 먼저 장미에 비유한 사람은 천재고 두 번째로 그런 사람은 바보라는 말을 어디서 읽었다. 나는 바보소리를 듣기 싫어서라도 마라톤을 인생의 축소판이라고 하지 않겠다. 인생에서 일어나고 있는 수많은 부조리들은 마라톤에서는 거의 찾아볼 수 없다.

일제 치하에서 그 많은 시련을 겪으면서도 모든 부조리와 싸우며 숭고한 마라톤 정신을 이어온 손기정, 서윤복, 함기용 선배들을 생각해 보라. 마라톤은 인생보다 더 정직하고 순수하고 값지지 않은가?

2000년 새해

엔트로피

나는 미국에 살면서 한국을 오가며 기회가 있을 때마다 달리기 대회에 참석한다. 그리고 소아암 어린이들을 위한 대회에는 가능하면 더 참석한다. 그리고 환자를 치료하는 의사의 한 사람으로서 평소 건강관리의 중요성을 강조하며 살아가고 있다. 물론 마라톤이 생명연장의 수단은 안 될지라도 살아있는 한 건강한 몸을 만들어 준다고는 믿는다. 그리고 남들은 백세 시대를 사는 건강법을 말하지만 나는 백세까지 살기를 원하지도 않는다.

옛날 춘추 전국시대를 살았던 편작은 죽은 사람도 살려내는 명의 중의 명의였다고 한다. 하지만 나는 이런 의사가 또 나오기를 원치 않는다. 부활은 예수님 하나만으로 충분하다고 생각한다. 사람들이 죽지 않고 모두 모두 백 년, 이백 년을 살면 지구가 지탱 못할 것은 뻔하다. 그래서 일정기간 사는 동안 건강을 지키

다가 떠나는 것이 마땅하다고 생각한다. 하나밖에 없는 지구에 엔트로피Entropy의 팽창을 저지하기 위해서라도 무작정 오래 사는 것보다 짧지만 건강하게 사는 것을 추천한다. 특히 도움을 요하는 사람들을 위해 시간과 재능을 아끼지 않고 앞에 나서서 엔트로피를 선순환시키는 사람들의 짧지만 굵은 삶을 지지한다.

소아암 환아 돕기 마라톤대회: 2012년, 2013년

소아암 환아 돕기 마라톤대회 (2012년).

소아암 환아 돕기 마라톤대회(2013년).

일산 호수공원 한 바퀴

나는 1997년부터 2004년까지 서울 아산병원에서 근무했고 2005년에는 국립암센터로 직장을 옮겼다. 마침 국립암센터에서 기숙사로 잡아 준 아파트가 마두역 근처에 있어서 호수공원까지 오 분도 걸리지 않는 가까운 거리였다. 오래도록 달리기에 빠져 있던 터라 호수공원을 달리는 즐거움에 일산에서의 생활이 그렇게 즐거울 수가 없었다. 평일 새벽 출근 전에 한 바퀴를 돌고 주말에는 서너 바퀴를 달렸다.

내가 암센터에 근무하고 얼마 지나지 않아 전 직원이 참여하는 봄 야유회가 호수 공원에서 열렸다. 그날의 하이라이트는 전 직원이 호수공원 한 바퀴(4.75킬로미터)를 도는 걷기/달리기 행사였다. 나의 암센터 첫 출근은 3월 15일 이었고 야유회는 4월 23일에 열렸으니 아직 직원들의 이름도 잘 모르고 병원 사정도 잘 파악하지 못한 때였다. 그래서 직원들과 빨리 어울리고 싶은 마음이 컸다. 병원 일은 밀려 있었지만 내가 좋아하는 달리기 대회도 있다니 나는 신바람이 나서 참석했다.

병원 직원들은 다 나보다 젊었지만 달리기만은 누구와 대결해도 별로 질 것 같지 않아 일부러 가져 간 짐들도 등에 잔뜩 지고 느긋하게 뒤에서 출발했다. 한참을 달리니 한 무리의 선두 그룹이 바로 눈앞에 보인다. 거기에는 내가 잘 알고 있는 소문난 달리기 선수인 젊은 산부인과 의사도 끼어 있었다. 나는 이제부터 그와 결전을 벌이기로 작정하고 그의 뒤를 바짝 쫓았다. 그런데 이게 웬 일인가? 그는 속도를 점점 줄여 앞뒤의 대여섯 명과 함께 무리를 지어 슬슬 뛰고 있는 것이 아닌가? 문득 앞을 쳐다보니 이들 무리의 최선두에 원장님이 아주 열심히 달리고 있었다. 원장님은 조금 과체중이었지만 바쁜 중에도 등산과 걷기로 몸을 꾸준히 단련한다고 했다.

나도 결국 선두 2위 그룹에 섞여 결승선을 통과했고 일등은 당연히 원장님의 몫이었다. 그때 달리기를 하면서 상관을 대하는 태도가 기관마다 이렇게 다르구나 하며 놀라움을 금할 수가 없었다. 병원업무에서나 골프, 등산, 달리기 등 여가 생활에서도 자유롭던 아산병원의 시절이 지금도 생각나고 아산병원 설립자이신 정주영 회장의 모습이 다시 떠오른다.

2005년 4월

애틀랜타 경찰청(Atlanta Police Department)

1996년 한국의 마라톤 선수들을 푸대접한 애틀랜타 경찰들에게 나는 화가 많이 나 있었다. 다음의 글은 그때 나의 심정을 대변해 준다. 그리고 아직까지 외국인을 업신여기고 우리 국가대표들을 불편하게 한 그들이 밉다.

An incident occurred in 1996 when several Korean national marathon runners were in Atlanta to familiarize themselves with the Olympic marathon course. They were running on Peachtree Street heading toward the Olympic stadium at 6:00 am on a Sunday morning. At that time there were hardly any traffic movements. Our group included the marathon gold medalist in Barcelona and soon to be silver medalist in marathon at the Atlanta Summer Olympics. I was honored to be the guide for these fine runners who were running about 5 minutes per mile pace. All of a sudden, a police car appeared, and the man in the car yelled at us as loud as he could, saying "get off the street or I will put you all into jail". This was uncalled for and this man in uniform had zero manners toward fellow human beings and to foreign guests.

1996년 애틀랜타 하계 올림픽을 대비하기 위해 한국 국가대표 마라톤 선수들이 미리 이곳을 방문했을 때 일어난 일이다. 일요일 새벽 6시경 선수단들은 피치트리를 따라 올림픽 스타디움을 향해 뛰고 있었다. 그 시간대에는 차로에 자동차가 거의 없었다. 그 무리 중에는 바르셀로나 금메달리스트 황영조와 얼마 후 애틀랜타 올림픽에서 곧 은메달을 획득할 선수 이봉주도 있었다. 나는 그때 안내를 위해 마일당 5분대로 달리는 이들과 함께 뛰는 영광을 누리고 있었다. 그때 갑자기 경찰차 한 대가 접근하더니, "차로에서 나가세요. 안 나가면 감옥에 쳐 넣을거요." 하고 소리를 지르는 것이 아닌가. 이것은 제복입은 자로서 인간에 대한 무례이며 특히 외국인 방문자들에 대한 심한 결례였다.

위의 글을 내가 쓴 이유는 이러하다. 1970년대 부터 1990년대 초까지는 한인 이민 1세들이 흑인 지역에서 장사를 하고 있었고 이들은 언어 소통 미달로 흑인들에 의해 피살, 절도, 강간 등의 피해를 입어도 변변히 항의도 못하고 있었다. 또한 이들을 보호하여야 할 애틀랜타 경찰들은 거의 방관만 하고 있는 상태였다. 이들 한인들을 위해 나는 조지아 주 인권위원회(State of Georgia, Human Relations Commission)에 뛰어들어 팔 년 이상 인권위원(commissioner)으로 근무하며(후에 부위원장 Vice-Chair of commission 으로 은퇴) 주지사나 애틀랜타 시장 등을 만나 한인 상인들의 억울함을 호소하며 경찰의 각성을 촉구하곤 했다. 그리고 애틀랜타 시가 하계 올림픽(Summer Olympic) 주최 도시로 확정될 무렵부터는 전세계에서 몰려들 외국인 방문자들을 특별히 잘 보호해 주기를 애틀랜타 경찰들에게 당부했다. 그러나 나의 이런 행위의 의도가 결과에 반영된다고 기대할 수는 없는 세상이다.

조지아주 주지사 젤 밀러에게서 받은 임명장.

애틀랜타 시장, 앤드류 영이 나에게 보내 온 편지. 올림픽 기간 외국인 방문자들의 보호를 부탁한 내 편지에 대한 답장이다. Tae H. Kim은 Thad Ghim으로 바꾸기 전의 나의 이름이다.

마라톤, 은인들, 그리고 나의 천사들

마라톤 메달

"나는 병이 나아 어른이 되면 미국과 한국을 위해 일하는 좋은 사람이 될거야." 1997년 2월 어느 날 애타게 기다리던 골수이식을 받게 된 나의 백혈병 환아 데이비드David(한국계 미국 입양아, 당시 열 살)가 건네준 말이다. 그날 나는 미국 에모리 대학 소아병원에서 서울서 공수되어 온 골수를 데이비드에게 이식해 주면서 이름도 모르는 한국의 한 골수기증자의 천사 같은 마음씨에 눈시울을 적시고 있었다.

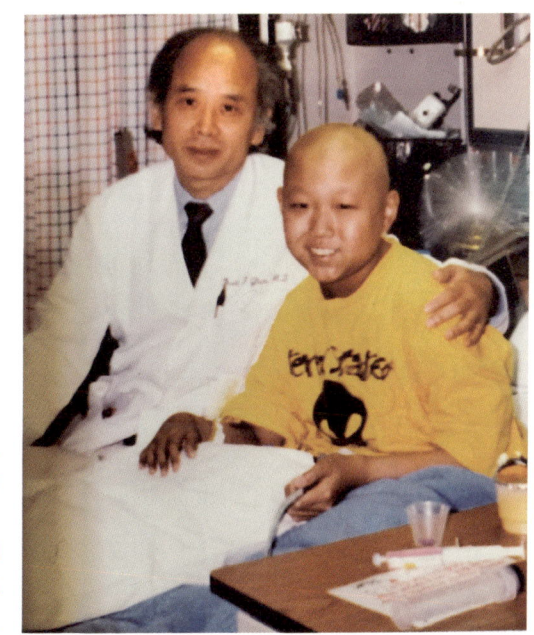

데이비드 파머.
(1997년 2월 13일)

에모리 병원에서
골수이식을 받고
난 뒤에.

제4장 | 마라톤의 기원과 남은 이야기

그리고 그해 7월, 나는 삼십여 년의 미국 생활을 접고 서울로 자리를 옮겨 아산병원에서 백혈병, 뇌종양 등으로 고생하는 많은 환아들과 생활하게 되었다. 그동안 묵묵히 배우며 일하는 젊은 의사들과, 암과 투병하는 아이들에게 아낌없는 사랑을 베풀고 있는 간호사들을 대하며 나에게 이들 모두를 조금이라도 도울 기회가 주어졌음에 하나님에게 감사를 드리며 살았다. 그리고 나름 나의 하는 일에 무한한 자부심을 갖고 있었다. 그러던 중 뜻밖에도 데이비드에게 골수를 기증해 생명을 구해 준 바로 그 여성 기증자의 글을 우연히 잡지에서 접하고 그의 남다른 용기와 사랑에 눈시울을 적셨다. 그 여인은 충청도 한 농촌에 살면서 갓 결혼한 남편과 시부모님으로부터 골수기증의 허락을 받아야 하는 어려움을 겪었지만 기어이 자기의 골수를 제공해 진정한 사랑과 희생정신을 몸소 실천한 여인이었다. 내가 의사로서 짜인 스케줄대로 월급을 받으며 환자를 돌보는 일은 그가 베푼 사랑에 비하면 너무나 미미해 보였다.

힘들지만 좌절하지 않고 투병을 계속하는 환아들의 용기와 인간의 한계를 극복하며 달리는 마라톤 주자의 의지는 일치된다고 오래전부터 믿어온 나는 해마다 한두 번 마라톤을 달리고 있다. 내 자신에겐 인내심을 심어주고 또 우리 환아들에게는 용기를 불어 넣어 주고 싶어서이다. 그리고 나의 완주 메달을 골수이식을 받으며 어렵게 투병하는 아이들의 목에 걸어준다. 그래서 나는 아무리 지쳐도 마라톤을 중간에 포기할 수 없는 형편이다. 메달을 내가 주겠다고 약속해 놓은 아이가 병실에서 나를 기다리고 있고, 마라톤 성금으로 도움을 받아야 할 아이들이 있기 때문이다. 그리고 1996년 애틀랜타 올림픽 때에는 내가 들고 뛰었던 성화를 가능한 한 많은 아이들에게 들려주었고 그때 나를 따라 나선 환아들과 그 가족들의 성원에 또 눈물을 흘렸다.

소아암 백혈병어린이와 함께하는 새 생명 2003년 봄호

1996년
애틀랜타 올림픽때
"Dr. Ghim을 사랑한다"는
카드를 만들어 응원나온
환아에게
내가 들고 달렸던
올림픽 성화를 들려주었다.

제4장 | 마라톤의 기원과 남은 이야기

환아에게
내가 들고 달렸던
올림픽 성화를
들려주다.

환아에게
내가 들고 달렸던
올림픽 성화를
들려주다.

마라톤, 은인들, 그리고 나의 천사들

단신단각短身短脚 또는 새다리

    이제까지 남자 올림픽 마라톤에서 금메달을 딴 동양 선수는 단 두 명뿐이다. 1936년 손기정 그리고 1992년 황영조! 조선일보 논설위원 이규태는 이들의 단신단각短身短脚한 체형에 주목한다. 짤막한 키에 다리가 짧아야 장거리를 잘 뛸 수 있는데 손기정, 황영조의 체형이 그런 선주형善走型으로 타고 났다는 것이다. 그리고 한국은 국토의 70퍼센트가 산이라 높고 낮은 산을 넘나들며 살아야 했기에 달리는데 내성이 생겼고 또 예로부터 말과 수레가 귀해 걷거나 달릴 수밖에 없었다는 것이다. 그러면서 북청 물꾼 출신 이용익李容翊 양반을 예로 든다. 그는 고종이 장호원에 피신중이던 민비에게 빠른 걸음으로 달려가 소식을 전해 주곤 해 민비에 의해 벼슬길에 오른 사람으로 다음과 같은 놀라운 일화가 있다. 그가 전주 한양 간 2백킬로미터를 12시간에 주파했는데 그는 단신이고 발이 짧아 보폭이 좁으니 기氣가 낭비되지 않은 탓이라고 했다.

    반면 정봉수 감독이나 함기용 선배는 장거리 선수의 필수 요건으로 다리의 굵기에 주목한다. 마라톤 선수는 다리가 무다리가 아닌 새다리여야 한다고 강조하셨다. 특히 정봉수 감독은 중고등 학생 역전 마라톤 대회에 참가하는 발빠른 학생들 중에서

다리가 새다리형인 학생을 뽑아 장거리 선수로 육성시키셨다. 내가 1996년에 만나 본 한국 마라톤 대표단 선수들도 거의 모두 그런 체형의 사람이었던 것 같다.

근대 올림픽 역사상(1896년 시작) 동양인 남자 선수는 단 두 명(그리고 여자 선수로 일본 두 명)만이 올림픽에서 금메달을 획득했다는 사실은 키가 크고 다리가 긴 선수들이 메달을 따기에 더 적합했다는 반증이 아닌가? 사실 마라톤 우승의 요건이 꼭 체형에 좌우 되겠는가? 적절한 영양 섭취, 승리에 대한 집념, 훈련 강도와 방법 등등 변수가 부지기수이다.

나는 얼마 전, 2019년에 열렸던 베를린 마라톤에서 케네니사 베켈레Kenenisa Bekele 에티오피아 선수가 당시 마라톤 최고 기록으로(2시간 1분 41초) 우승하는 동영상을 주의 깊게 관찰했다. 케냐, 에티오피아등 다른 동아프리카 선수들에 비해 키가 작아 보인다. 역시 이규태가 언급한 단신(실제로 168센티미터)이었다. 부연할 것은 그의 가슴이 넓어 폐활량이 크게 보였고 다리는 새다리처럼 가늘어 보였다.

2007년 10월 (2019년 보완)

장애인 그리고 마라톤 정신

저는 지금까지 병원생활을 해오면서 달리기를 시작한 지 올해로 꼭 이십 년이 됩니다. 그 동안 병원에서 암으로 투병중인 많은 아이들이 정말 이겨내기 힘든 일들을 용기 있게 헤쳐 나가는 모습을 보면서 깊은 감명은 물론 내 삶의 올바른 자세를 배우곤 합니다.

크고 작은 일상의 애로사항으로 몸과 마음이 지칠 때 환아들의 밝은 미소는 내게 늘 활력소가 되었습니다. 내가 마라톤하는 것을 아는 환아의 부모님들은 내게 늘 이렇게 질문합니다. "그 긴 거리를 달리는 게 힘들지 않으세요?" 내 대답은 늘, "아뇨, 아이들의 항암 치료 과정이 마라톤 보다 10배 또는 100배 더 힘들 걸요."라고 대답합니다.

42킬로미터의 마라톤은 충분한 준비가 필요한 것은 사실입니다. 하지만 중, 단거리는 누구나 연습하면 가능합니다. 우리 대부분은 무슨 대회기록을 깨려고 전력 질주할 일도 없고, 그저 내 페이스 대로 건강을 위해 달리면 되니까요. 마라톤 동호회 회원들과 함께 달리며 즐거운 시간을 갖는 것도 귀중한 체험입니다. 나는 오랫동안 백혈병 등 다양한 암과 직접 싸우며 달리는 사람들을 보아왔습니다. 하지만 여기 달리기 동호회의 청육회님처럼 꼭 달리기의 전문가가 될 필요는 없겠지요.

목발을 짚고 달리는 사람, 또는 휠체어를 타고 달리는 사람들을 대회 때 종종 보면서 나는 그들의 강인한 정신에 머리를 숙이곤 합니다. 그리고 미국에 흔히 있는 유방암 환자 돕기 대회, 백혈병환자 돕기 대회에 직접 참가해 달리는 많은 환자들을 보면서 가슴 뭉클한 때가 한두 번이 아니었습니다. 아마 여러분들도 잘 아시겠지요. 얼마 전 우리나라에도 왔던 투르드프랑스Tour de France(프랑스와 주변국을 주파하는 장거리 자전거 경주)의 챔피언, 란스 암스트롱 씨. 그의 강인한 정신과 체력은 암환자를 포함한 모두에게 희망이 되었지요.

그리고 작년 그는 생애 첫 도전에 뉴욕 마라톤을 2시간 29분에 뛰었습니다. 그가 마라톤대회 며칠 전에 3시간 안에 들어오겠다고 한 약속도 멋지게 지켰습니다. 우리도 그런 자신감을 배워야겠지요.

내게는 마라톤하면 꼭 생각나는 장한 젊은이가 한 사람 있습니다. 골육종으로 한 다리를 잃고 달려서 캐나다 대륙 횡단을 시도한 테리 폭스입니다. 1980년 그가 스물한 살 때 일이지요. 날마다 마라톤 거리를 목발로 143일 동안을 달렸습니다. 암환자들의 기금조성을 위해서였습니다. 그는 이듬해에 암의 폐 전이로 결국 사망했지만 그의 숭고한 정신은 지금도 많은 사람의 가슴에 남아 있어 캐나다에선 해마다 9월이면 테리 폭스 달리기 대회가 계속되고 있습니다. 그는 나의 영웅이고 모든 캐나다인 아니 전 세계 암환자들의 희망이지요.

마라톤, 은인들, 그리고 나의 천사들

달리기 이야기를 너무 오래 했네요. 이젠 여러분들과 어깨를 나란히 하고 함께 달렸으면 합니다.

2017년 10월 12일, 한 달리기 동호회에 초청을 받고

테리 폭스, 그리고 동화 작가 강원희

　테리 폭스Terry Fox는 1958년 7월 28일 캐나다 매니토바 주 위니펙에서 태어났고 열여덟 살의 젊은 나이에 암에 걸린다. 그가 암 연구를 위한 기금 마련을 위해 시작한 캐나다 횡단 마라톤을 계기로 지금도 해마다 9월에 캐나다는 물론 전세계적으로 모금 운동이 펼쳐지고 있다. 1977년 열여덟 살의 테리 폭스는 골육종으로 오른쪽 다리를 무릎 위까지 절단 받아야 했다. 치료를 받는 동안 테리는 다른 암 환자들의 고통을 목격했고 이들을 돕고자 마라톤을 결심하게 된다. 그리고 1980년 4월 12일, 대서양의 뉴펀들랜드에서 시작해 캐나다 전역을 달려 태평양 연안에 도착(총 3,339마일)하는 마라톤 장정에 나섰다. 의족에 의지한 채 혹독한 기상 조건과 극심한 고통을 겪으면서도 매일 평균 마라톤 거리(26마일)를 달렸으니 그의 정신력은 상상을 초월한다.

　캐나다 전역과 전세계 사람들은 그의 용기와 결단력, 희망의

메시지에 박수갈채를 보냈지만 아쉽게도 1980년 9월 1일, 대륙 횡단 장정에 나선 지 143일이 지난 후 온타리오 주 근처(3,107마일)에서 마라톤을 끝내야 했다. 암이 폐로 전이되어 항암치료를 받아야 했기 때문이다. 그리고 1981년 6월, 스물두 살의 나이로 사망했다.

테리 폭스의 노력은 전세계에서 마라톤을 통한 수 많은 자선 행사로 이어져 지금까지 암 연구를 위해 수억 달러가 모금되었다. 또한 마라톤 러너인 나에게도 큰 감화를 주었고 특히 소아암 치료를 담당했던 나에게 더욱 특별하게 다가왔다.

평생 어린이들을 위한 동화책을 수 없이 발간하며 어린이들을 극진히 사랑하던 강원희 동화작가도 테리 폭스 이야기에 크게 감동받아 작가는 두어 번 아산병원으로 환아들을 직접 찾아와 동화도 읽어 주며 격려의 말도 건넸다. 그리고 1981년 6월 28일에는 〈하늘을 달리는 테리 폭스〉라는 아름다운 시 한 편을 보내 온 적도 있어 여기 공유한다.

절망의 시간을 이대로 보낼 순 없다
어제 죽은 이가 그토록 살고 싶은 오늘 이 순간,
죽은 형이 그토록 살고 싶어 하던 하루

18세, 골육종으로 오른쪽 다리를 절단한 테리
21살이 되던 해, 대서양에서 태평양까지 달리기 시작했다

암이 폐로 전이되어 중단할 때까지
그는 143일 동안 5373킬로를 달렸다.

대서양에 적신 의족, 태평양에 적시고 싶다
누가 나를 보는가?
나는 이 순간에 충실하다

보이는 것은 보이지 않는 것의 그림자라고 했던가?
테리는 자신의 그림자를 보고 달린다.
누가 그림자고 누가 테리인지 뒤바뀌고 만다.
23세의 나이로 끝내 제 그림자를 거두고
세상을 떠난 테리 폭스

그의 호흡이 지구상에 더 이상 보태지 않아도
테리는 죽어서도 멈추지 않는다
하늘을 달리는 테리 폭스

1981년 강원희

2020년 12월 29일

강원희 작가.
1998년 아산병원 61 소아암 병동에서
환아들에게 자신이 쓴
〈아침 풀잎은 눈부시다〉를 놓고
얘기를 나누고 있다.

책은 골수이식을 받는
백혈병 환아와 친구들의 우정을
다루고 있다.

마라톤, 은인들, 그리고 나의 천사들

마라톤과 수명

내가 1997년 귀국해서 날만 새면 뛰러 나가는 걸 보시고 어머님은 늘 걱정을 하였다. "그래서 무릎이 성하겠냐? 그리고 늘 뛰기만 하면 일찍 죽는다고 하잖니?" 그러시면서도 소아암 기금 모금 대회 때마다 많은 성금을 주시곤 하셨다.

달리기와 수명에 관한 논란은 1908년 런던 올림픽 마라톤 대회에서 불거졌다. 당시 1, 2위를 한 미국의 존 헤이즈John Hayes와 이탈리아의 도란도피에트리 두 선수가 불과 결승선 50야드를 남기고 실신한 것이다. 헤이즈는 자력으로 도란도피에트리는 부축을 받으며 일어나 둘 다 결승선을 통과했다. 이들 실신의 원인은 분명 탈수, 탄수화물 고갈, 열사병 등이 주 원인 이었겠지만 당시 의료진 사이에선 마라톤 선수들의 특이한 거대심장, 낮은 맥박 등에 주목하고 있었고 이들이 갑작스런 사망에 영향을 줄지 모른다고 생각하고 있었다. 하지만 1909년 미국의 연구진은 거대심장과 낮은 맥박수와 수명은 관계가 없다고 결론을 내렸다. 1912년 스톡홀름Stockholm 올림픽에선 또 포르투갈의 프란시스코 라자로Francisco Lazaro가 경기도중 쓰러져 사망한 일이 발생했다. 사망원인은 일사병으로 단정해 논란은 더 이상 없었다.

요즘 의학계에선 오래 달리기가 활성산소의 과다 생산으로 이어져 몸에 해롭다고 말한다. 이에 반해 나는 마라톤이 육체적 그리고 정신적인 면에서 삶의 질을 향상시킨다고 믿어 주위 사람들에게 마라톤을 적극 권하게 되었다. 그리고 나를 따라 마라톤을 시작하는 사람도 많이 생긴 것은 사실이다.

여기 나를 따라 마라톤을 시작한 한 사람을 소개한다. 당시 서울대 어린이 병원에서 영어를 가르치며 봉사활동을 하시던 강덕원 님이고 지금은 나보다 더 적극적으로 달리기를 계속하고 있다. 그의 2001년 3월 21일 이메일을 읽어보면 그도 나처럼 마라톤이 육체적인 건강효과만이 아니라 정신적인 면에서 삶의 질을 성숙시킨다고 믿었다.

"교수님, 보스턴 마라톤 완주 축하드립니다. 저는 작년 까지만 해도 보스턴 마라톤 참가는 요원한 것처럼 생각이 되었는데 이번 동아를 완주하고 나니 앞으로 더욱 노력하면 가능할 수도 있겠구나 하는 자신이 생겼습니다. 이번에 달리면서 마라톤에 대한 저의 생각을 정리해 봤습니다. 첫째 마라톤은 제 삶을 지탱하는 원동력이라는 생각이 들었습니다. 앞으로 아무리 어려운 일이 생기더라도 모두 극복할 수 있다는 확신이 생긴 거죠. 둘째는 삶의 방향을 결정하는 철학이라는 생각이 들었습니다. 아무 잡념도 없이 오직 달리기에만 몰두하는 무념무상의 철학, 세속의 모든 번뇌와 속진을 떨쳐버리고 참 나에게로 회귀하는 나만의 공간, 셋째 정직의 의미를 배웠습니다. 한발자국도 남의 도움을 받을 수 없이 정직한 내 자신의 육체 언어만이 통하는 세계, 이런 세계를 알려주신 교수님, 다시 한 번 감사드립니다."

우리나라 제1세대 마라톤 선수들의 수명을 간단히 살펴보자. 이들은 일제 강점기에 태어나 경제적 빈곤으로 극도로 허기진 몸에 고강도 훈련을 받으며 세계 정상급에 다다른 분들이다. 일제 치하에서 온갖 차별로 받은 스트레스는 또 얼마나 심했겠나? 그렇다면 이들의 몸속 구석구석에 활성 산소가 꽉 차 있지 않았을까? 그래서 이분들의 생년월일과 사망년월일을 찾아보았다. 송길윤* 선수의 생일은 아직 찾지 못했다. 아래 도표를 보니 이분들 대부분은 오늘의 우리들보다도 더 오래 사신 것 같아 위안이 된다.

이름	출생년월	사망년월	나이
권태하	1906년 6월	1971년 10월	65
손기정	1912년 8월	2002년 11월	90
남승룡	1912년 11월	2001년 2월	88
김은배	1913년 8월	1980년 2월	66
서윤복	1923년 1월	2017년 6월	94
최윤칠	1928년 7월	2020년 10월	92
함기용	1930년 11월	2022년 11월	92
송길윤*	1927년	2000년	73

제5장

건강달림이 그리고 마라톤 이야기

제5장에 실린 글은 다음 카페Daum Cafe에서 발췌한 글들이다.

marathon

마라톤에 도전하지 맙시다

요즈음은 피트니스Fitness란 말을 누구에게서나 쉽게 듣는다. 그런데 이 단어의 적절한 우리말이 떠오르지 않는다. 흔히 우리 달리기 마니아들은 달리는 것이 피트니스에 이르는 가장 좋은 방법이라고 믿고 있다. 오래 달리면 심폐기능이 좋아지고 피트니스도 향상 된다. 더 나아가 어떤 사람들은 꾸준한 달리기가 수명을 연장시켜 준다고 믿는다. 사실 달리기 선수가 더 오래 산다고는 볼 수 없다. 한 가지 확실한 것은 달리기가 생활화된 사람들은 대부분 술 담배도 조절하고 남달리 음식 종류와 섭취량에도 관심을 가져 나날의 생활습관도 이른바 웰비잉Well-being에 걸맞는 생활을 한다. 그러면 수명은 연장되지 않더라도 사는 동안 에너지가 충만해지고 더 활기찬 나날을 살게 된다. 이런 활력에 넘치는 삶이 단순한 수명의 연장보다 낫지 않은가? 이런 바람직한 피트니스의 경지에 이르면 하프 마라톤 정도는 별다른 준비 없이 아무 때나 달릴 수 있다.

미국에선 5킬로미터의 단거리나 장거리 대회에 참가할 때 도전이란 말을 쓰지 않는다. 도전이란 만일 등산에 비유하면 북한산 한두 번 올라가보고 무모하게 에레베스트를 등정하겠다는 것과 같다. 5킬로미터 한두 번 뛰고 풀 마라톤 경기에 뛰어 든다면 그것도 분명 도전이다. 이러니 마라톤 도중에 걷지 않을 수 없고 다행히 결승선까지 도달하더라도 진행요원들이 이미 다 떠난 뒤가 된다. 또 무모한 도전은 간간히 발생하는 경기 도중의 사망 소식과도 전혀 무관하지 않은 것 같다.

마라톤은 도전하는 경기가 아니다. 최소 주 4회, 매번 10~15킬로미터쯤은 달리는 사람들만이 참가해야 한다. 특히 42.195킬로미터의 마라톤은 몸이 평소 잘 단련되어 있는 사람이, 도전이 아니라 부담 없이 참가하는 일상의 한 즐거운 이벤트여야 한다.

2006년 1월 4일, 김태형 교수의 마라톤 이야기

건강달림이 회원들과 2018년 5월 바다의 날 마라톤. 왼쪽부터 송윤진, 박정숙, 김태형, 김경애.

엔돌핀

엔돌핀Endorphin하면 자주 듣는 말이고 특히 달리기에 심취한 사람들에서 많이 이야기된다. 엔돌핀은 동물 또는 사람의 뇌하수체와 연계되어 분비되는 호르몬으로 여러 면에서 모르핀의 성능을 능가하는 호르몬이다. 운동, 취미생활, 침, 성생활 또는 명상 중에 분비되어 통증을 없애주거나 무아지경에 이르게 한다. 나는 잡다한 생각이 늘 머리에 차 있어 명상은 잘 될 리가 없고 또 침 맞기 위해서 굳이 돈 들고 한의원에 가지 않는다. 글쎄 이젠 섹스를 논하기도 쑥스러운 나이가 되었다. 지금 엔돌핀을 맛보려면 취미생활 즉 내 좋아하는 달리기에 의존할 수밖에 없다.

그런데 달리는 중에 엔돌핀을 맛보려면 꼭 장거리를 달려야 한다. 나의 경우 마라톤 경기 중에 한두 번은 경험하는데 경기가 시작된 뒤 적어도 7~8킬로미터는 지나야 나타나고 그것도 몇 분 안에 사라지곤 한다. 엔돌핀이 나오면 몸이 가벼워지고 실제로는 새처럼 날으는 기분이라 언덕이 나와도 쉽게 넘어간다. 영어로 Groove(최고조)에 이른다고 하거나, gliding(기류를 탄다)한다고도 한다. 또는 열반(Nirvana)의 경지에 오른다고 표현하기도 한다.

문제는 마라톤을 뛸 때 누구나 엔돌핀이 나오는 것이 아니다. 평소에 연습량이 적은 사람은 길고 긴 마라톤 내내 고역을 치러 지옥에 가까이 가는 기분이지 천국 문턱에 가 있는 기분은 느끼지 못한다. 엔돌핀을 맛보려면 연습량을 늘릴 수 밖에 없다.

2006년 1월 7일, 김태형 교수의 마라톤 이야기

맥박

 달리기 선수의 피트니스를 측정하는 요소로 몸무게, 배 둘레, 일정 시간 내의 질주 거리, 단위 시간 내의 최대 산소 소모량 등이 있다. 하지만 사람은 각자 타고난 신체 조건이 다르므로 몸무게와 배 둘레를 측정하는 것만으로는 그 사람의 피트니스 정도를 판단하기 어렵다. 그리고 산소 소모량 측정 등은 전문가의 자문 또는 의료 기구를 이용해야 하는 번거로움이 따른다. 그래서 누구나에게 가장 쉬운 방법은 맥박을 확인해 보는 것이다. 그리고 커피 등의 섭취가 맥박에 영향을 미치므로 아침잠에서 깨어나자마자 맥박을 측정해야 한다.

 맥박에 대한 이론은 달리기에 관한 많은 명구를 남긴 조지 시한 박사(Dr. George Sheehan)를 빼 놓고 이야기할 수 없다. 그의 말을 인용하면, "맥박수가 80~90인 사람은 활동적인 삶이 무엇인지 모르는 멍청이들이고, 70인 사람은 활동적인 사람은 못 되고, 60~65이면 활기 있는 삶을 사는 사람이다."라고 했다. 그는 달리기로 맥박수를 낮출 것을 권장했고 마라톤에 참가하려면 맥박 수를 60 미만을 목표로 단련하기를 권했다. 자신은 50 이하로 유지했다. 사실 대부분의 마라톤 선수들은 맥박수 50을 넘지 않으며 30 미만인 선수들도 더러 있다. 누구나 맥박을 50 미만으로 유지하면 인생에서 어떤 도전도 당당하게 맞서 활기찬 삶을 살 수 있을 것이라고 시한 박사는 강조했다.

2006년 1월 1일, 김태형 교수의 마라톤 이야기

이핑계 저핑계

달리기 대회에 자주 나가다 보면 으레 자기의 라이벌 한두 명은 생긴다. 라이벌에게는 뒤지지 않으려고 나도 이를 악물고 달린다. 이런 선의의 경쟁의식이 기록을 향상시키고 달리는 즐거움도 높여준다. 그런데 패배한 사람은 자기의 실력이 모자라서 진 것은 생각지 않고 여러 가지 핑계를 생각해내곤 한다. "사실은 말이야, 지난 며칠 야근을 했거든! 갑자기 출장을 다녀오느라 하도 피곤해서 그래! 어제 음식을 잘 못 먹어 배탈이 났고! 응 나는 무릎을 다쳐 줄창 걸었다구!" 어떻게든 승자의 기쁨을 깎아 내리며 패배의 아픔을 달랜다.

더 가관인 것은 자기의 라이벌을 이긴 후 패배자에게 내뱉는 말이다. "물론 이번에 한 20분 더 기록을 단축했을 텐데 어젯밤 섹스를 해서…." 연구 결과를 보면 마라톤 전날 부부관계가 기록을 저하시키지는 않는다. 물론 연인과 보낸 격정의 밤, 다음 날 아침의 기록은 누구도 장담할 수 없겠지만 말이다. 미국의 유명한 한 단거리 선수가 한 말이 생각난다. "섹스가 경기 기록에 악영향을 끼치려면 경기 도중에 섹스를 한 경우일 뿐이다."

2006년 1월 18일, 김태형 교수의 마라톤 이야기

마라톤 선수와 흡연

전세계에서 칠백만 명이 매년 흡연관련 질환으로 사망한다. 거기에 간접흡연으로 사망하는 사람도 연간 육십만 명이 된다. 한 개비당 12분씩 수명을 단축한다니 하루 한 갑을 피우는 사람은 일 년에 2개월의 수명이 짧아지는 것이다. 이는 일생의 평균 흡연 기간으로 계산하면 한 사람당 13~14년의 수명에 해당된다. 끔찍한 얘기다. 더욱이 흡연은 폐활량을 저하시키므로 분초를 다투는 마라토너에게는 치명적일 수 있다.

십육 년 전 춘천 마라톤 때의 일이다. 한 30대 초반의 청년과 앞서거니 뒤서거니 20킬로미터 지점까지 순조롭게 달려 나가는데 청년이 갑자기 내 앞에서 멈춰 버리는 게 아닌가! 혹시 다리에 쥐라도 났나? 돌봐 주려고 다가갔는데, 그 청년은 주머니를 뒤적거리더니 담배를 꺼내 하늘로 연기를 냅다 뿜으며, 나더러 먼저 가라고 손짓을 하였다. 그때 지극히 흡족해 하던 그의 얼굴 표정은 지금도 내 뇌리에 씁쓸하게 남아 있다. 그래서 담배는 중독성 마약이라고 부르나 보다.

2006년 1월 30일, 김태형 교수의 마라톤 이야기

달리기와 원시인

　　유인원이 육백만 년 전 숲에서 초원으로 이동해 처음에는 초식동물 집단으로 보행하며 살았다. 이백만 년 전 동물포획을 시작하며 포식자와 피포식자의 입장에서 달리기가 필수요건으로 되었다. 후에 동물사냥에 차차 도구(무기)를 사용하게 되어 달리기의 필요성은 차츰 사라졌다. 일만 년 전쯤 농경시대의 도래로 인간의 달리기의 능력은 더욱 퇴보 해왔다.

　　오늘날 케냐, 에티오피아, 남아프리카 등의 선수들이 마라톤을 석권하는 이유는 오래 전부터 아프리카의 조상들이 달리기를 시작했고, 그들이 문명의 이기를 덜 받아 보행과 달리기를 더 오래 지속하고 있는 때문인지 모른다. 지금 아이들이 특히 한국의 아이들이 하루 종일 컴퓨터나 핸드폰에 빠져 있는 것을 보면 이들이 자라서 걷기나 제대로 할지 걱정이다. 한국의 마라톤 장래는 암담해 보인다.

2006년 4월 10일, 김태형 교수의 마라톤 이야기

마라톤과 유교사상

내가 자랑스럽게 생각하는 마라톤 선배로는 1947년 보스턴에서 당시 세계최고 기록인 2시간 25분 39초로 우승한 서윤복 선수다. 1936년 손기정 선수의 올림픽 우승과 일장기 말살 사건으로 일본은 손기정 등 마라톤 선수들의 장거리 경기 출전을 금지시켰다. 이런 열악한 상태에서 부모를 일찍 여의고 라면도 없던 시절, 그가 얼마나 배가 고팠을지 상상하면 몸이 아리다. 우승 낭시 그의 키는 154센티미터, 몸무게 52킬로그램. 그의 달리는 모습을 당시 보스턴의 신문은 "한 가닥 낙엽이 바람에 날려가는 것 같다."고 표현할 정도였다. 감독 겸 선수로 함께 출전한 손기정 선수가 경기 직전 기권한 것을 놓고 논란이 있었다. 그때 한국의 풍습으로 열한 살 어린 서윤복 선수가 올림픽 기록 보유자이며 감독이며 스승인 손선수를 제치고 일등을 할 수는 없었을 것이다. 이것이 후배를 끔찍이 아끼던 손기정 선수의 기권 사유였다고 저명한 마라톤 선수였던 톰 더데리안Tom Derderian(저서로 〈보스턴 마라톤Boston Marathon〉이 있음) 씨가 1997년 내가 보스턴 마라톤에 출전했을 때 직접해 준 말이다.

또 한 분 내가 존경하는 마라톤 선배는 1950년 보스턴 마라톤에서 우승한 함기용 선수다. 1950년 보스턴 마라톤 역사상 외국인이 처음으로 1, 2, 3등(함기용, 송길윤, 최윤칠)을 싹쓸이했던 때다.

현충원 서윤복의 묘. 옆면에 윤석중작 '서윤복의 노래'가 새겨 있다. (조현룡 사진 제공)

당시 우승한 함선수의 우승 소감이 나를 울린다. "제가 우승해서 좋은 건 사실이지만 대한민국의 챔피언이고 선배인 최윤칠 선수보다 앞서 들어와 너무 죄송합니다."라고 한 것이다. 당시 최선수는 국내 선발전에서 우승을 했고 대학교 2학년이었던 반면 함선수는 양정고보 졸업반 학생이었다.

2006년 2월 8일, 김태형 교수의 마라톤 이야기

이런 사람들이 있습니다

1. 보스턴 마라톤을 해마다 삼십팔 년 동안 뛴 놀라운 사람이 있습니다. 현재 쉰여덟 살의 닐 웨이안트Neil Weyandt라는 분입니다. 그리고 더욱 놀라운 것은 그가 Sub-3(세 시간 내)를 이십삼 년 연속으로 했다는 사실입니다.
2. 마라톤을 꼭 맨발로 뛰는 놀라운 사람이 있습니다. 현재 마흔아홉 살의 켄 색스턴Ken Saxton이란 분입니다. 그리고 더욱 놀라운 것은 그가 마라톤을 맨발로 서른다섯 번이나 뛰었답니다.
3. 스물다섯 살 때 펜실베니아 주의 한 마라톤에서 우승하고, 이십팔 년 뒤 쉰세 살 때 같은 마라톤에서 다시 우승한 사

람이 있습니다. 지금 쉰네 살의 테리 스탠리Terry Stanley라는 분입니다. 더욱 놀라운 것은 첫 번째 우승기록은 2시간 23분 13초이고 마지막 우승기록도 2시간 46분 38초의 놀라운 기록입니다.

4. 매주 한 번, 일 년에 마라톤을 52번 뛰는 분이 있습니다. 톰 어데어Tom Adair라고 옛날 애틀랜타에서 나와 함께 달리던 지인입니다. 놀라운 것은 매 주말마다 마라톤을 뛰기 때문에 자기는 주중에는 연습이 따로 필요 없다면서 주중에도 몇 번 씩이나 뛰는 나를 보고 웃었습니다.

2006년 2월 17일, 김태형 교수의 마라톤 이야기

노먼 프랭크

마라톤을 가장 많이 뛴 사람은 누구일까? 로체스터Rochester, 뉴욕에 거주하는 노먼 프랭크Norman Frank일 것 같다. 작년 12월 3일 그는 900회째의 마라톤을 뛰었는데, 1967년 보스턴 마라톤(3시간 56분)으로 시작해 한 달에 보통 서너 번을 달렸다. 그리고 매달 빠짐없이 216회 연속(총 18년 연속)으로 뛴 기록도 있다. 그리고 보스턴 마라톤을 삼십 년 연속으로 뛰기도 했다. 왜 그렇게 많이 마라톤을 뛰느냐고 묻는 사람에게는 자기도 그 이유를 설명하기 쉽지 않다고 말한다. 그리고 단지 마라톤이 즐겁기 때문이란다. 그의 소원은 여러분도 짐작했듯이 1000번의 마라톤을 뛰는 것이란다. 그러면 그가 몇 살 때쯤에 그의 소원이 이루어질까? 참고로 그의 최고기록은 3시간 20분이다. 요즘에는 한국에도 마라톤 마니아가 수없이 많아 노먼 프랭크의 기록도 언젠가는 깨어지지 않을까?

2006년 2월 26일, 김태형 교수의 마라톤 이야기

데이비드 맥길리브레이

데이비드 맥길리브레이David McGillivray의 달리기 정력과 자선 활동은 보통 사람들의 상상을 초월한다. 보스턴 마라톤 대회 디렉터인 그는 현재 쉰이다. 오래전 1978년에 자선 모금을 위해 미국 대륙횡단(3,452마일)을 했고 마라톤은 116회나 뛰었다. 가장 힘들다는 하와이 철인 3종 경기((Hawaiian Ironman Triathlon)를 8번 완주했고, 24시간 달리고, 24시간 자전거 타고, 그리고 24시간 수영을 한 번에 해냈다. 대부분 자선 모금을 위해서였다.

그는 12세부터 생일을 기념하기 위해 자기 나이만큼의 거리를 달린 것으로도 유명하다. 예를 들면 스무 살에는 20마일, 마흔에는 40마일을 달렸으니 나이를 먹을수록 어떻게 될까 오히려 내가 걱정이 되기도 했다. 그런데 2004년 5월에는 아홉 명의 동료와 더불어 샌프란시스코에서 보스턴까지 자선모금의 일환으로 다시 달렸다는 소식을 들으니 그가 나이를 아무리 먹어도 걱정을 안 해도 될 것 같다. 그때의 모금은 보스턴 지미 펀드Boston Jimmy Fund와 다나 파버 암 센터(Dana-Farber Cancer Center) 의 소아암 환아들을 위한 것이었다. 이 병원은 내가 레지던트와 임상강사로 사 년여 젊음을 바쳐 소아암 환자들을 진료하던 병원이었다. 그는 보스턴 마라톤도 연속으로 32번이나 뛰었다는데 보스턴 마라톤을 감독하는 입장에서 어떻게 이것이 가능할까 궁금하지만 그는 해결 방법을 갖고 있었다.

지난 십칠 년 동안 보스턴 달리기 감독(Boston Race Director)이던 그는 선수들이 결승 지점을 통과한 것을 확인하고 저녁에 홀로 보스턴 마라톤을 뛰었단다. 그의 165센티미터의 작은 몸매에서 나오는 체력과 정신력 그리고 봉사정신은 정말 상상을 초월한다.

그리고 그와 나는 남다른 인연이 있다. 1997년 춘천 마라톤에서부터 시작한 나의 1미터 1원 소아암 모금운동은 전적으로 그를 따른 것이고 또 1950년 함기용 선수의 잃어버린 금메달을 원형대로 복제해 보내준 사람도 그였기 때문이다. 나에게는 영원히 잊지 못할 고마운 분이다.

2006년 2월 27일, 김태형 교수의 마라톤 이야기

존 켈리

존 켈리John A. Kelly(1907-2004)는 보스턴 마라톤 터줏대감으로 손꼽히는 분이다. 쉰여덟 번이나 보스턴 마라톤을 완주했고 그중 두 번을 우승했다. 그의 마지막 보스턴 마라톤은 그가 여든다섯 살이던 1992년이었는데 그때 그의 기록이 5시간 58분 36초이다. 그의 쉰여덟 번의 보스턴 평균 기록은 3시간 16분 24초, 정말 대단한 실력이다. 그리고 그는 우리의 손기정 선수와 교분이 두텁고 손기정 선수가 1936년 베를린에서 우승할 당시 켈리는 2시간 49분 32초의 기록으로 18위에 그쳤다.

그는 손기정 선수가 신고 달린 신발에 관심이 컸다. 엄지와 네 발가락 사이가 갈라진 벙어리장갑 같은 신발이었는데 손기정 선수에 의하면 켈리는 손기정의 우승이 특이한 그 신발과 관계가 있다고 생각했단다. 그래서 손기정이 신고 뛰었던 운동화를 켈리에게 주었고 그 운동화가 닳아 버렸을쯤 손기정은 운동화 두 켤레를 더 켈리에게 부쳐줬다. 손기정에게서 받아간 신발을 신고 뛴 존 켈리는 1945년 보스턴 마라톤을 우승해 감사의 편지를 손기정에게 보내왔다.

　이로 인해 손기정은 명망 있는 큰 규모의 보스턴 대회에 참가할 길을 모색하기 시작했다. 올림픽 마라톤 챔피언인 손기정 선수와 젊은 서윤복 선수의 뛰어난 실력을 알아본 미군정은 도움의 손길을 펼쳤다. 손기정, 남승룡, 서윤복 세 명을 1947년 보스턴 마라톤의 출전 선수로 초청을 받을 수 있도록 도움을 줬다. 당시 보스턴의 신문은 올림픽 마라톤 금메달 선수인 손기정을 크게 부각시켜 보도했지만 손기정과 남승룡은 오직 서윤복을 우승시키기 위해 움직였다. 손기정은 출전을 포기하고 감독으로 동분서주했고 남승룡은 서윤복을 격려하기 위해 동반 출전했다. 서윤복은 대회에서 우승했고 선배 남승룡은 10위를 차지했다. 서윤복의 가슴엔 태극기가 빛났고 손기정의 마음은 감격으로 울렁거렸다.

　*보스턴 마라톤 코스 중 32킬로미터 지점에서 시작되는 그 유명한 Heartbreak Hill(상심의 언덕)은 존 켈리로 부터 생겨났다는 이야기가 있다. 1936년 그가 선두로 달리다 최종 우승자인 엘리슨 브라운에게 따라 잡힌 뒤 극도로 낙심한 언덕이라 해서 "Breaking Kelly's Heart"라는 말이 생겨났다 한다.

2006년 2월 28일, 김태형 교수의 마라톤 이야기

세계 최고의 노인

올해 일흔다섯(1931년생)의 에드 휘트록Ed Whitlock 씨를 단순히 달리기뿐만이 아닌 모든 체육 분야를 총망라해서 노인 중에 최고의 운동선수로 뽑고 있다. 일흔세 살 때 5킬로미터를 18분 22초, 10킬로미터를 37분 33초, 그리고 마라톤을 2시간 54분 49초에 뛰었기 때문이다. 이 기록은 70세 이상에서 세계 기록이다. 그리고 작년 로테르담 마라톤Rotterdam marathon에서 2시간 58분 40초의 기록을 냈다.

그의 키는 168센티미터, 몸무게는 51킬로그램, 평소에 날마다 세 시간씩 20~23마일의 거리를 달린다. 이십 일 동안 연속으로 하루도 쉬지 않고 달리기도 한다. 그는 연습할 때 천천히 달리는 편이다. 다음 날에도 달리기 위해서다. 자기는 전력질주하지 않으므로 러너스 하이Runner's High를 경험하지 않는다고 하는데 내 생각으론 세 시간을 달리는 내내 마음은 즐거움으로 가득 차 있을 것 같다. 특이한 것은 속도훈련(Speed training), 크로스 트레이닝(Cross training 몇 가지 운동을 결합하여 행하는 트레이닝 방법), 언덕훈련(Hill training), 중량훈련(Weight training) 등 마라톤 준비에 필요한 여러 필수적인 운동을 하지 않으며 달리기 전후에 스트레칭도 하지 않는다.

그는 어느 달리기 팀에도 소속되어 있지 않고, 코치도 없고 후원자도 없다. 그저 달리기가 좋아 순수한 아마추어로 달릴 뿐이란다. 그는 달릴 때 시간을 재거나 랩Lap을 세지도 않는다. 그는 내성적이고 남에게 충고를 주지 않는 것을 원칙으로 세웠다. 운동화는 10켤레를 날마다 돌아가며 사용하는데 그 까닭은 운동화가 덜 닳기 때문이란다. 참, 음식도 가리지 않고 대회 전날의 전분 축적 식사 요법(Carbohydrate loading: 마라톤 같은 경기 전에 에너지원인 글리코겐을 축적할 목적으로 한 탄수화물 중심의 식사)도 하지 않는다. 다이어트를 한 적도 없고, 날마다 저녁에 아이스크림을 먹는 것이 취미란다. 그가 여든이 되어도 Sub-3를 하기 바란다.

2006년 3월 1일, 김태형 교수의 마라톤 이야기

쉬지 않고 한 번에 달릴 수 있는 거리는?

올해 마흔다섯 살로 세 자녀를 둔 엄마인 팸 리드Pam Reed(48킬로그램, 161센티미터)는 작년 3월 28일, 300마일(480 킬로미터)를 80시간에 주파한 기록을 갖고 있다. 이는 기원전 페이디피데스가 희랍의 승전보를 알리려 그리스의 산야를 한숨에 달리고 숨을 거두고만 42킬로미터 거리의 12배나 된다. 이런 어마 어마한 거리를 달린지 만 20일 뒤인 4월 17일에 런던 마라톤을 뛰고 또 다음 날 4월 18일에 보스턴 마라톤을 두 번이나 뛰었다.(그는 보스턴 마라톤을 결승점에서부터 출발점으로 뛰어와서 다시 다른 참가 선수들과 함께 다시 마라톤을 출발한다.) 그녀의 훈련법은 하루에 두세 차례 달리고 또 매일 수영도 한다. 언제 아이들을 돌보는 시간을 갖는지 의문이 든다.

리드의 기록을 깰 남자는 없는 것일까? 가장 유력한 후보로는 마흔두 살의 울트라 마라톤 주자인 딘 카나제스Dean Karnazes인데 작년에 300마일에 도전했다가 76시간 후 262마일 지점에서 기권했다. 그는 지금 306 마일을 목표로 맹훈련 중인데 아직 성공했다는 소식이 들려오지 않는다.

카나제스의 훈련 방식은 특이하다. 토요일에 주로 40마일의 장거리를 뛰는데 격주로는 새벽 2시에 일어나 75마일을 달리고 일요일에도 20마일을 더 소화한다. 한 주말에만 100마일을 뛰는 셈이다. 주중에는 윈드서핑과 30마일의 달리기를 한다. 그는 하루에 30,000칼로리까지 소모하고 한자리에서 치즈 케이크 한 판을 통째로 먹어치우기도 한다.

2006년 3월 8일, 김태형 교수의 마라톤 이야기

지구 한 바퀴 달리는데
몇 켤레의 운동화가 필요할까?

올해 서른네 살인 덴마크의 제스퍼 올슨Jesper Olsen이 2004년 4월 1일부터 2005년 10월 23일까지 662일 만에 4개 대륙을 돌아 총 26,230킬로미터의 거리를 주파했다.(기네스북 기록)

하루에 14킬로미터에서 93킬로미터를 달렸는데 기운이 빠지기 전 처음 16개월 동안은 매일 48킬로미터는 어김없이 달렸다. 중간에 걸은 시간은 독일에서 단 10분뿐이었다. 놀라운 것은 세계 일주중에도 여러 대회에 참가해 실제보다 더 많은 거리를 달린 것이다.

미국에서 5킬로미터 대회(16분), 캐나다에서10킬로미터 대회(43분), 러시아에서 하프 마라톤 대회(1시간 21분), 그리고 핀란드에서 12시간 레이스(120킬로미터), 호주에서 육일 레이스(756 킬로미터) 등에 참가도 했다.

참고로 그의 마라톤 기록은 2시간 27분이고 자주 100킬로미터 경기에 참가하곤 했다. 시베리아를 달릴 때는 먹을 것이 부족해 몸무게가 9킬로그램이나 빠졌고 미국에선 햄버거를 너무 많이 먹어 오히려 9킬로그램이 늘기도 했다.

그가 세계 일주에 사용한 운동화는 28켤레였다. 그의 세계일

주는 런던 그리니치 천문대를 출발하여서 프랑스 - 독일 - 스칸디나비아 - 시베리아 - 도쿄 - 오스트레일리아 - 로스앤젤레스 - 밴쿠버 - 시카고 - 뉴욕을 거쳐 런던으로 돌아오는 코스였다.

2006년 3월 12일, 김태형 교수의 마라톤 이야기

마라톤 상금

지난 3월 12일 서울 국제 마라톤을 텔레비전으로 지켜보면서 지영준 선수가 4위로 들어오는 것을 보면서 속이 타는 것을 금할 길이 없었다. 근래에 춘천이나 동아 국제마라톤에서 우승은 모두 외국인이 차지해 8만 불의 우승상금은 외국 선수들이 싹쓸이 해가고 있다. 이에 마라톤 중흥책으로 체육회에서 세계기록에 10억, 한국기록에 1억 등 거액의 상금을 걸어놓고 있다. 정말 이런 당근책으로 한국 마라톤의 황금기가 다시 올 수 있을까? 내 생각은 부정적이다.

 가장 시급한 것은 어린 꿈나무 육성에 돈을 퍼붓는 일이다. 최근 마라톤 대회가 늘어나서 마스터master 들이 대거 참가해 마라톤의 붐을 가져오고 있지만 이들 대부분은 자기들의 건강을 위해 달리지 세계기록을 목표로 하지 않는다. 그리고 정부가 할 일은 포상금을 마라톤 종목에 걸지 말고 5킬로미터, 10킬로미터 또는 하프 마라톤 등 단거리 종목에 걸어야 한다고 생각한다. 지금은 마라톤도 속도 게임이지 예전같이 지구력의 게임이 아니기 때문이다. 현 세계기록 보유자 폴 터갓Paul Tergat(2시간 4분 55초)도 왕년에 10킬로미터 선수였지 않은가? 그리고 지금 마라톤의 세계기록에 도전하고 있는 에티오피아의 하일레 게브르셀라시에 Haile Gebrselassie(2시간 6분 35초)도 1996년 애틀랜타와 2000년 시드니 두 올림픽 10킬로미터에서 금메달을 연속으로 딴 선수이지 않은가?

2006년 3월 19일, 김태형 교수의 마라톤 이야기

로저 배니스터 경

내가 존경하는 사람 중의 한 분이 1 마일 경주의 4 분 장벽을 처음으로 무너뜨린 영국의 로저 배니스터 경(Sir Roger Bannister)으로 신경내과 의사다. 그가 1945년 스물다섯 살 때 세운 기록은 3분 59초 4였다. 1997년 나는 그가 달렸던 옥스퍼드 대학 400미터 트랙을 찾아 당시의 함성을 귓속으로 들으며 오랜 상념에 젖어 보았다. 경기 직후 기진맥진 쓰러져 있을 때 세계기록 달성의 소감을 묻는 기자의 질문에 그의 대답은 "It's the ability to take more out of yourself than you've got(당신이 갖고 있는 능력보다 더 많은 능력을 발휘하는 것이다.)"이었다.

나는 1996년 애틀랜타 올림픽 때 KBS 라디오에서 마라톤 해설을 맡았다. 우리 이봉주 선수가 남아공의 조시아 투구와네(Josia Thugwayne에 3초 차로 뒤져서 은메달을 받는 장면을 보도하면서 언제나 혼신의 힘을 쏟으라던 로저 배니스터의 말이 머리에 맴돌았다. "Sport, like all life, is about taking risk(스포츠는 우리 삶의 모든것에서 처럼 모험을 택하는 것이다.)." 마라톤 선수들이 음미해 볼 말이다.

2006년 3월 27일, 김태형 교수의 마라톤 이야기

개 그리고 마라톤

텔레비전으로 가끔 영양(Antelope)의 무리를 쫓는 포식동물(사자, 호랑이, 치타, 하이에나 등)을 보며 나는 만일 이들 동물들이 사람들과 함께 마라톤의 거리를 달리면 지구력에서 우세한 우리 사람들이 어느 동물들보다 먼저 결승선에 도착할 것이라고 생각해

왔다.

그런데 작년 11월 필라델피아 마라톤에선 여섯 살인 개, 코디(Cody: 보더 콜리Border Collie)가 주인보다 몇 발자국 먼저 3시간 24분 만에 결승선을 통과했다. 코디의 첫 마라톤이었고 주최측은 이 개에게도 완주 메달을 수여했다. 코디의 다음 마라톤의 기록이 궁금해진다. 주인 코트렐Cottrell 씨는 선수들이 몰려 있는 출발지점에서부터 1마일 지점까지만 개의 목줄을 잡아 주었고 남은 주로에선 코디가 마음껏 뛸 수 있도록 목줄을 풀어주었다.

2006년 5월 2일, 김태형 교수의 마라톤 이야기

건강한 몸, 건강한 정신

왼쪽 무릎이 아파 거의 두 달 동안 쉬고 있다가 요즘에 와서야 겨우 5 킬로미터쯤 아주 천천히 걷기/달리기를 반복하고 있다. 그리고 7월 8일 우리 건강 달림이들과 처음으로 10킬로미터를 조심스럽게 천천히 뛰었는데 무릎에 통증이 오지 않아 얼마나 기뻤는지 모른다. 금년엔 해마다 참가하던 가을 마라톤조차 포기해야 한다는 생각에 마음이 착잡했지만 앞으로 두어 달 착

실히 연습하면 완주할 수 있겠다는 생각으로 지금 내 마음은 한 없이 부풀어 있다.

  건강하다는 것은 그리고 우리가 신나게 달릴 수 있다는 것은 얼마나 행복한 일인가? 조지 시한 박사의 말대로 우리는 초등학교 4, 5학년 때의 어린애로 돌아가야 한다. 그 어린 시절처럼 해맑은 마음으로 마음껏 뛰어 놀 수 있어야 한다.

2006년 7월 11일, 김태형 교수의 마라톤 이야기

십 년 연속 보스턴 마라톤을 우승한 케냐의 저력 그리고 달리기를 20대 후반에 처음으로 시작한 엘리아 라갓

  엘리아 라갓Elijah Lagat은 1966년생으로 젊었을 때 체중감량을 권고한 의사의 말을 듣고(심장에 지방 축적) 1992년에야 달리기를 시작해 1994년 본격적으로 프로 무대에서 뛰었다. 이렇게 라갓처럼 늦은 나이(28세)에 마라톤을 시작해 세계 정상에 오른 선수는 찾아보기 힘들다. 그는 2000년 보스턴 마라톤을 우승하여서 케냐에 십 년 연속 보스턴 마라톤 우승의 금자탑을 선물한 선수다. 참고로 한국의 이봉주는 바로 다음 해인 2001년, 보스턴 마라톤을 우승해 케냐의 십 년 아성을 끊어 버린 선수가 된다. 이봉주 선수가 자랑스럽다.

2006년 7월 26일, 김태형 교수의 마라톤 이야기

마라톤 중독자

사람들은 올해 서른다섯 살 미국인 척 앵글Chuck Engle을 진정한 마라톤 중독자(Marathon Junkie)라 부른다. 스물아홉 살이 되던 2000년에 첫 마라톤서 2시간 34분으로 우승한 후 마라톤에 푹 빠져 올해에는 아예 직업(Salesman)을 접어 치우고 매주 마라톤대회에 참석한다. 금년 2006년도에만 8월 21일까지 서른네 번의 마라톤을 뛰었다. 우승이 열아홉 번, 2등이 일곱 번, 3등이 다섯 번, 4등이 한 번, 8등이 한 번이다. 놀라운 것은 딱 한 번 10위 밖으로 밀렸는데 그것은 금년 4월 보스턴 마라톤에서 355위를 기록해서다. 금년에는 열일곱 번의 마라톤을 더 뛸 예정이다. 올해 가장 빠른 기록은 2시간 31분, 가장 느린 기록이 2시간 54분이고 평균 기록은 2시간 37분이다. 매주 마라톤을 뛰는 사람은 여기저기 많이 있지만 이렇게 매번 전력으로 뛰는 선수는 없다. 부상의 위험이 높기 때문이다. 이래서 그를 진정한 마라톤 중독자라 부른다.

　그는 주중 훈련은 어떻게 할까? 마라톤 다음 날은 하루 쉰다. 그리고 하루는 자전거를 탄다. 나머지 4일은 매일 10~15킬로미터쯤 달린다. 현재 그의 목표는 Sub-2시간 50분으로 가장 많은 마라톤을 뛰는 것이란다. 즉 세상의 그 누구보다도 더 많은 마라톤에 우승하는 것이다. 그가 부상 없기를 빈다. 그리고 그의 목적을 달성하기를 바란다.

2006년 8월 24일, 김태형 교수의 마라톤 이야기

100킬로미터 울트라 마라톤

　지난 10월 8일 미사리에서 100킬로미터 울트라 마라톤 국제경기대회가 열렸다. 내가 한국에 돌아온 1997년도에만 해도 춘천마라톤 대회의 참가자 수가 수백 명이 넘지 않았는데 9년 후인 올해에는 이만 명 이상이 참석했으니 우리나라 마라톤 인구가 날로 증가하고 있어 무척 흐뭇하다. 마라톤 인구의 증가는 그만큼 국민의 올바른 여가 선용과 체력의 향상으로 이어지는 바람직한 일이다. 그리고 우리나라도 마라톤을 넘어 100킬로미터의 국제대회를 유치할 수 있는 여건이라 여간 자랑스러운 일이 아니다.

그날 이 대회에서 우승은 불란서의 주아디 야닉Djouadi Yannick(6시간 38분 41초) 선수가 차지했고 한국 선수론 진병학 선수(7시간 43분 32초)가 1시간 5분 지나서 31위로 들어왔다. 야닉 선수는 놀랍게도 매 10킬로미터를 끝날 때까지 전부 40분 이내에 뛰었다. 참고로 이 부분 세계기록은 영국의 돈 리치Don Ritchie가 세운 6시간 10분 20초이고, 여자 기록은 일본의 토모에 아베 선수의 6시간 33분 11초이다. 이들의 놀라운 체력과 인내력 그리고 도전정신에 머리를 숙인다.

하지만 나는 마라톤 거리의 두 배 이상이나 되는 100킬로미터의 거리를 뛰어야만 직성이 풀리는 사람들을 아직은 이해할 수 없다. 언젠가 황영조 선수도 이런 말을 했다. "나는 울트라 마라톤 선수들을 이해할 수 없다. 나는 마라톤 거리를 뛰는 것만으로도 힘든데 그들은 어쩌면 바보 같기도 하고 고고한 철인 같기도 하다." 하였다. 그리고 "나는 돈과 명예를 위해 마라톤을 뛰었지만 갖은 고생을 하면서 100킬로미터 이상을 뛰는 사람은 도대체 무엇을 위해서 뛰는지 궁금하다."고도 했다. 나는 그저 오래도록 하프나 풀 마라톤을 부상 없이 달리고 싶을 뿐이다.

2006년 10월 19 일, 김태형 교수의 마라톤 이야기

목발의 마라톤 여인

목발로(의족) 마라톤과 3종 경기를 즐기는 여인이 있다. 그는 올해 서른네 살로 두 아이의 엄마다. 용접공으로 주 20시간을 일하며 살고 있다. 그의 이름은 에이미 팔미에로-윈터스Amy Palmiero-Winters이다. 1993년 스무 살의 나이로 보스턴 마라톤을 3시간 16분에 주파했다. 호사다마라고 다음해(21세)에 오토바이 사고(Motorcycle accident)로 다리를 크게 다쳐 달리기를 못하다가 1997년(24세)에 왼쪽 무릎 아래를 절단한 후 의족을 달고 다시 달리기와 3종 경기를 시작했다. 오랜 훈련 끝에 2006년 5월 클리블랜드 마라톤Cleveland Marathon을 3시간 26분에 달리더니 같은 해 10월 시카고 마라톤에서는 3시간 4분으로 교통사고 전 자신의 기록을 경신했다. 그의 꿈은 Sub-3와 미국 올림픽 마라톤 팀 선발전에 출전하는 것이라 한다.

나는 호기심에 사흘 전 4월 16일에 있었던 금년 보스턴 마라톤 기록을 찾아보니 그의 기록이 3시간 44분으로 나와 있어 자기의 목표인 Sub-3를 이루지 못했고 올림픽 팀 선발전에 나갈 자격에도 못 미쳤다. 훈련을 제대로 못했는지, 의족에 문제가 있었는지 궁금하다. 하지만 그는 언젠가는 다시 Sub-3에 도전하리라고 생각한다.

2007년 4월 18일, 김태형 교수의 마라톤 이야기

제6장

마라톤과 시
그리고
우문현답 몇 개

marathon

작은 천사들

애틀랜타 올림픽, 스타디움 향한 길
성화 높이 들고 달리는 나를 보고
해맑은 얼굴로 환호하던 천사들

춘천마라톤, 모금 위해 참가할 때면
너나없이 달려와 응원하던 부모 곁에
콧줄 낀 채 손 흔들던 민머리 천사들

마라톤! 이제는 추억 속에 묻었어도
언제나 나에게 용기를 북돋던
내 마음속 깊이 살아 숨쉬는 나의 작은 천사들

월간 신문예 118호 2023년

발

토끼를 쫓아 달려가던
사자를 피해 달아나던
아프리카 초원
까마득한 우리 조상의 우람한 발들

필리피데스엔 힘을 실어 주고
손기정, 황영조, 서윤복, 함기용에겐
나라를 빛나게 한 날렵한 발들

베토벤, 차이콥스키, 브람스에겐 악상을
워즈워스, 랭보에겐 시혼을
혜초, 루소, 월든에겐 지혜를
간디, 마틴 루터킹에겐 정의를
4·19 땐 젊음의 기상을 심어 주던 발들

걸음의 시간만큼
달림의 거리만큼
몸에 활력을
마음에 평온을 주던 든든한 발

이제는 초라한 나의 두 발
세월을 탓하랴
왓슨을, 포드를 탓하랴
라이트형제를 탓하랴

오늘 러닝 머신 위에 서 있는
평생 고락을 함께한 나의 두 발
지금 너는 무엇을 생각하느냐?

문학을 사랑해서 2020 책나라

팔순 할배의 마라톤

발톱 빠지며
무릎 깨지며
가슴 터지며
사십 성상 달려온…….

(저 늙은이 또 달리네! 제정신인가?)

다시 태어난 듯
가뿐한 몸
맑은 마음
땀방울 정신

긴 세월, 그토록 이어 온
나의 기도
나의 인생
나의 길

문학을 사랑해서 2020 책나라

백세시대

아득한 백리 길 뛰다 걷다 여섯 시간 반
구십 줄 노인이 마라톤을 달린다

앙상한 두 발이 끌어주고
노익장의 옹심이 밀어주고
무인지경 심장이 버텨준다

천진난만한 노인네
결승선에 다가와 두 팔 벌려 기뻐한다
철부지 같다고 웃어주는 사람도
영웅이라고 치켜주는 사람도
그의 희열 헤아릴 수 있을까?

긴 세월, 거친 여정 위에
마라톤으로 수놓은
노풍 당당
우듬지 기상

문학을 사랑해서 2020. 책나라

바카스* 찬가

청둥오리 노니는
사슴무리 뛰노는
스와니 조-지 피어스 공원

차가운 겨울, 눈보라 속에서도
뜨거운 여름, 삼복의 더위에도
먹구름 장대비, 장마철에도

어제도 오늘도 달려
몸은 깃털같이 가볍고
생각은 아이같이 자유로운

그대, 강인한 몸매의 건각들이여
그대, 빛나는 정신의 화신들이여
그대, 자랑스런 바카스 친구들이여

2018년 3월 13일 김태형

*바카스는 내가 속한 러닝 클럽의 이름이다.

우문현답 몇 개

그 힘든 마라톤을 왜 뛰나요?

만약 사람들이 지극히 이성적이라면 마라톤을 하지 않을 것이다. 그러나 우리는 이성의 피조물이 아니다. 열정의 피조물이다.

노엘 카롤 Noel Carroll, 1960년대 중거리 선수

Doesn't running hurt?(달리면 아프지 않나요?)

Of course! It does if you're doing it right.

(물론이죠, 정말 제대로 한다면요.)

미상

빨리 뛰는 비결은 무엇입니까?

The key to running fast is running faster.

(빠른 선수가 되기 위해서는 더 빨리 뛰어야만 합니다.)

샤론 스벤손 (Sharon Svensson)

인생은 마라톤과 같다고 했는데요?

아니죠. 마라톤은 연습이 있지만 인생은 연습이 없는 한 번 뿐이에요. 마라톤은 달릴수록 마음이 평정되고 스트레스가 풀리는데, 인생은 늙어 갈수록 이것저것 맘에 안 들고 스트레스가 쌓여요.

김 태형

제7장

마라톤 일지, 간단한 마라톤 훈련 방식

marathon

마라톤 일지

내가 참가한 첫 대회

거리	일시	대회명	시간	나이
5Km	1989년 5월 13일	Peachford Hosp.	24분 15초	50
10Km	1991년 3월 24일	Alpharetta Opening day	49분	52
Half	1995년 10월 21일	Run the Reagan	1시간 38분 54초	56
Full	1992년 11월 26일	Atlanta Marathon	4시간 3분	53

*하프 마라톤을 뛰기 전에 풀 마라톤을 먼저 뛰었음.

나의 새로운 기록

거리	일시	대회명	시간	나이
5Km	1996년 9월 7일	Mitsubishi Miracle Miles for Cure	20분 21초	57
10Km	1996년 10월 19일	Cartersville	43분 11초	57
Half	1995년 10월 21일	Run the Reagan	1시간 38분 54초	56
Full	1995년 11월 26일	Atlanta Marathon	3시간 53분 14초	56

*하프 마라톤 기록은 시간이 지나도 향상이 없었음.

간단한 마라톤 훈련 방식

"경주를 하려면 신체적 조건 만큼이나 영혼의 준비도 해 두어야 한다." 이는 1마일 세계신기록 보유자 허브 엘리엇Herb Elliott 시인詩人이 한 말이다. 나도 동의하고 싶다. 한 번도 정식으로 훈련을 받아 보지 못한 내가 주로 따라하던 아주 간단한 훈련방식들은 다음과 같다.

조지 시한 박사(George Sheehan, M.D.)
10마일 주 3회

잭 포스터Jack Foster(46세 때 마라톤 기록 2시간 17분28초)
14마일 주2회
19마일 주1회 한 번 더 하기

제프 갤러웨이Jeff Galloway
제프의 훈련 방법이 직장생활에 바쁜 나에게 가장 유용하게 다가왔다. 일반적으로 러닝 횟수를 줄이고 대신 거리를 늘리기를 권한다. 휴식 일(Rest day)의 중요성을 강조하기 위해서다.

9-10마일 주2회

13-20마일 주1회 한 번 더 하기

제프 갤러웨이가 자신의 책 표지에 "Thad, Keep Running!"이라고 싸인하였다.

위에 열거한 세 분의 훈련방식은 프로를 지향하는 러너들에게 큰 도움이 되지만 나 같은 아마츄어 러너들에게도 크게 도움이 된다. 언제나 시간의 제약을 받던 나에게는 아침 4시에서 4시 30분에 일어나 혼자 동네 한 두 바퀴 뛸 수 있는 것만으로도 행복했다.

후기

이 책을 쓰기 위해 과거의 사진첩들을 꺼내보고 또 일기나 스크랩 북에 저장해 두었던 여러 자료를 꺼내 책 한 권으로 엮어 보려고 지난 두세 달은 참 분주하게 지냈다.

핸드폰과 컴퓨터에 저장해 두었던 사진들은 이곳저곳에 나뉘어 있었고 또 마라톤에 관한 자료들도 사방에 흩어져 있어 앞이 캄캄했을 때 컴퓨터에 능한 친구, 임한웅, 김찬웅, 심양섭 그리고 Compro의 손 대표님이 나서서 도움을 주었다. 달리기 동료인 이선준은 초안부터 단계마다 적극적으로 원고 정리에 도움을 주었고 인터넷을 이용해 미비한 자료도 여러 개 찾아 주었다.

그리고 고려대 MBA 마라톤 클럽의 류승욱 님이 기록으로 남겨 놓은 2007년 5월의 함선생과의 생생한 대담 기록이 남아있어 여간 다행이 아니다. 그 전문을 여기에 부록으로 실어 놓는다. 독자들은 함선생님과 함께 1950년의 보스턴으로 추억 여행을 떠나

보기를 바란다.

 또한 백승도 감독님은 아직 완성되지 않은 초고를 보시고도 즉시 추천서를 써 주셨다. 감사한 마음 이루 헤아릴 수 없다.
 특히 오랜 친구 수필작가 허숭실 님에게 많은 빚을 졌다. 숭실 님은 책의 구상부터 편집 전과정에 걸쳐 설득, 충고, 찬사, 잔소리를 아끼지 않으셨다. 감사할 뿐이다. 벗 장정애 대표님은 비판적인 시각으로 문구 하나하나 고쳐 주셨고 특히 영어를 한국어로 옮기는데 크게 도움을 주셨다. 벗 송윤진님은 인터넷을 통한 자료 수집과 사진 정리에 도움을 주셨다. 설재규 님은 역대 한국마라톤 남녀 선수들의 기록을 찾아 주었다.
 끝으로 어려운 여건에서도 출판을 흔쾌히 허락해 주시고 외국에 거주해 모든 것이 서툰 저를 위해 표지 디자인부터 편집의 세부 하나 하나까지 꼼꼼히 챙겨 주신 조인숙 대표님께 감사한 마음을 전한다.

부록

달리면서 묵상한 명구

함기용 선생님과의 대담

역대 한국 올림픽 마라톤 성적

한국 역대 보스턴 마라톤 성적

달리면서 묵상한 명구

나는 달릴 때면 철학자, 정치가, 코미디언, 체육인 그리고 많은 유명인들의 말들을 되새겨 보곤 했다. 그 중 일부를 여기에 소개한다.

The marathon is magical. But the magic doesn't come without cost.
마라톤은 마법처럼 신비롭습니다. 그런데 이 마법은 고통의 대가를 반드시 치러야 합니다.

Joe Henderson

My whole feeling in terms of racing is that you have to be very bold. You sometimes have to be aggressive and gamble.
달리기 대회에 나갈 때 마다 나는 대담해 집니다. 아주 공격적이고 또 도박 정신도 있어야 승리할 수 있다고 생각합니다.

Bill Rodgers

I just want to make sure it's living hell for anyone out there who's going to beat me.
달리기 대회에서 나를 이기려면 누구나 생지옥 같은 고통을 당해야한다.

Ken Souza

The good ones pretend they don't train hard, the bad ones say they train like Olympic champions.
정말 훌륭한 선수들은 훈련을 별로 못했다고 엄살을 부리지만 정작 소인배들은 올림픽 선수처럼 열심히 훈련을 했다고 떠벌립니다.

Pat Butcher, British journalist

Every morning in Africa, a gazelle wakes up. It knows it must outrun the fastest lion or it will be killed. Every morning in Africa, a lion wakes up. It knows it must run faster than the slowest gazelle, or it will starve. It doesn't matter whether you're a lion or a gazelle-when the sun comes up, you'd better be running.
아프리카 대륙에선 매일 아침 영양이 깨어납니다. 그들은 사자보다 빨리 달리지 않으면 사자의 먹이가 된다는 것을 잘 압니다. 매일 아침 사자들도 깨어납니다. 그들은 가장 느린 영양들보다 더 빨리 달리지 않으면 굶어 죽어야 한다는 사실을 알고 있습니다. 사자이든 영양이든 아침이면 모두 죽기살기로 달려야만 합니다.

Maurice Greene

Work like hell, trust yourself, break some rules, don't be afraid to fail, ignore the naysayers, and stay hungry.
죽도록 일하라. 당신 자신을 믿어라. 때론 규칙을 위반해도 좋다. 실패를 두려워 마라. 반대론자들을 무시하라. 그리고 열망하라.

Schwarzenegger-캘리포니아 주 지사. 2010년 에모리 대학교 졸업 축사

To lose your health is to lose all of yourself.
건강을 잃는 것은 당신의 모든 것을 잃는 것이다.

미상

Sport, like all life, is about taking risks.
운동도, 인생의 모든 일에서처럼, 위험을 감수해야 만 한다.

Sir Roger Bannister (1 마일 기록의 4분벽을 최초로 깬 선수)

Run hard, be strong, think big!
힘껏 달려라, 강건하라, 크게 마음 먹어라!

Percy Cerutty(오스트레일리아 러닝 코치)

Sport should not be experienced secondhand. Next to religion, sport is the most important function of man. It teaches us much about who we are, how we should act. Sport introduces us to the limits of our body, the working of our mind, the capabilities of social self. Runners are usually made, not born.

스포츠는 직접 내 몸으로 해야 한다. 인간에게 스포츠는 종교만큼이나 중요한 기능으로서 우리가 누구인지, 우리가 어떻게 행동해야 하는지를 가르쳐 준다. 우리 신체의 한계와 정신의 작용, 자신의 사회적 역량을 깨닫게 해준다. 러너는 후천적으로 만들어지는 것이지 타고나는 것이 아니다.

George Sheehan, M.D.

Jogging is competing against yourself, racing is competing against others, and running is discovering that competing is only competing. Running is seeing everything in perspective. Running is discovering wholeness. Running is the fusion of body, mind, and soul in that beautiful relaxation.

조깅은 자신과의 경쟁이고, 레이싱은 남과의 경쟁이며, 달리다보면 '경쟁은 다만 경쟁일 뿐'이라는 것을 알게 된다. 달리기는 세상만사가 결국 하나로 귀결됨을 알게 한다. 달리기는 아름다운 이완 속에서 몸과 정신 그리고 영혼이 하나 됨을 이루게 하는 활동이다.

George Sheehan, M.D.

If you want to run, run a mile. If you want to experience another life, run a marathon.
그냥 달리고 싶으면 1마일이라도 족하다. 그러나 다른 차원의 생을 체험해 보려면 마라톤을 해라.

Emil Zatopek

Running helps me stay on an even keel and in an optimistic frame of mind.
달리기는 나에게 평정심을 유지하고 낙관적인 가치관을 갖게 해 준다.

Bill Clinton

Giving anything less than your best is to sacrifice the gift.
최선을 다하지 않는 것은 타고난 재주를 썩히는 것이다.

Steve Prefontaine

Run like hell and get the agony over with.
죽을힘을 다해 뛰어서 고통을 극복해라.

Clarence DeMar

마라톤, 은인들, 그리고 나의 천사들

It's not about getting to the finish line, it's about getting to the starting line.
달리기에서 중요한 것은 결승선에 도달하는 것이 아니라 우선 출발선에 서는 것이다.

미상

Running! if there's any activity happier, more exhilarating, more nourishing to the imagination, I cannot think of what it might be.
달리기! 이보다 더 행복하고, 더 짜릿하고, 더 상상력을 풍성하게 하는 활동이 있다해도 그것이 무엇일지 생각해 낼 수 없다.

Joyce Carol Oates

No pains, no gains
고통의 대가 없이 얻는 것은 하나도 없다.

미상

당신이 세운 목표를 사람들이 비웃지 않는다면, 당신이 세운 목표는 너무 하찮은 것이다.

아짐프렌지 위프로테크 회장

Whatever you are, be a good one.
당신의 직업이 무엇이든 으뜸이 되어라.

Abe Lincoln

A hero is an ordinary individual who finds the strength to persevere and endure in spite of overwhelming obstacles.
참고 견디며 압도적인 장애물을 헤쳐나가는 평범한 인간, 그가 바로 영웅이다.

Christopher Reeve

To become a better person, you should try to volunteer more. It is impossible to become one with only knowledge and wisdom.
좀더 훌륭한 사람이 되기 위해서는 자원 봉사를 많이 해야 한다. 단지 지식이라든가 지혜만으로는 훌륭한 사람이 되기는 불가능하다.

Carl Hilty

Only those who will risk going too far can possibly find out how far one can go.
위험을 감수하며 극한까지 가 본 사람만이 자기 능력의 한계를 알게 된다.

T.S. Eliot

Do what you love, Dream big, Be restless, Sleep little, Don't play life safe, Dare boldly instead, Live as though you really mean it.

당신이 사랑하는 것을 해라, 큰 꿈을 가져라, 쉬지 말고 잠도 적게 자라, 인생을 너무 안전 위주로 살지 마라, 과감하라. 인생은 그게 다인 것처럼 살아라.

Dean Karnazes(울트라 마라톤 주자)

Running seems to depend on one's stamina and endurance, but, in fact, it is more likely based on a strong mentality. Only those who have perseverance and resilience can succeed.

언뜻 보면 달리기는 체력과 지구력에 의존하는 것처럼 보이지만, 사실 달리기는 강인한 정신력에 바탕을 둔 운동이다. 인내심과 회복력이 강한 사람들만이 성공한다.

Amby Bufort

Our life must contain mountains or marathons or their equivalents, else we will not be sure we have reached our potential.

인생엔 올라서야 할 산, 뛰어야할 마라톤 혹은 그와 비견되는 힘든 일들이 있어야 한다. 아니면 우리의 잠재능력을 최대치로 끌어 올렸는지 확인할 길이 없다.

George Sheehan, M.D.

정상으로 향하는 길은 수없이 많다. 그러나 수고하지 않고 오를 수 있는 길은 하나도 없다.

손기정

Life is a series of obstacles and setbacks, living is overcoming them
인생은 장애물과 좌절의 연속이다. 삶은 이것들을 극복해 나가는 과정이다.

Dean Karnazes

Slow and steady wins the race... except in a real race
천천히 꾸준히 달리는 자가 경주에 이긴다고 한다. 하지만 진짜 대회에선 아니다.

Unknown(고등학교 트랙 코치)

불광불급不狂不及, 미치지 않으면 미치지 못한다

미상

일이란 어려울수록 더욱 보람이 있는 법이다.

Oscar Wilde

Poor is the pupil who does not surpass his master.
스승을 뛰어넘지 못하는 자, 불쌍할 지어다.

레오나르도 다빈치

That which does not kill you makes you stronger.
당신을 죽이지 못하는 고통은 당신을 더 강하게 만든다.

Friedrich Nietzsche

You only live once, but if you work it right, once is enough.
우리는 한 생애뿐, 하지만 바르게만 산다면 한번으로 족하다.

Joe Louis

Mastering others is strength, mastering yourself is true power.
타인을 지배하는 것도 힘이지만, 자신을 이겨내는 것이 진정한 힘이다.

Lao Tzu

Success seems to be largely a matter of hanging on after others have let go.
성공이란 남들이 포기한 것도 끝까지 내것으로 버텨내는 것이다.
William Feather

The bold don't live forever but the timid don't live at all.
용감한 자도 영원히 살지 못한다. 그러나 겁쟁이는 아예 살아보지도 못한다.
Marco Polo

Man is not made for defeat. A man can be destroyed but not defeated.
인간은 파멸될 수는 있어도 패배하기 위해 태어나지는 않았다.
E. Hemingway

I'm the master of my fate. I am the captain of my soul.
나는 내 운명의 주인이요, 나는 내 영혼의 선장이다.
William Ernest Henley(1849-1903)

Run when you can, walk when you have to, crawl if you must; just never give up.
달릴 수 있으면 달리고, 걸을 수밖에 없으면 걸어라. 정 할 수 없다면 기어도 된다. 그러나 결코 포기해서는 안 된다.
unknown

Exercise is for people who cannot handle drugs and alcohol.
마약이나 술에 휘둘리고 싶지 않은 사람은 운동을 택한다.
Lily Tomlin

If you are going through hell, keep going.
지옥의 터널을 지나고 있다면, 계속 뛰어라.
Winston Churchill

If one is forever cautious, can one remain a human being?
인간이 계속 조심만 한다면, 과연 인간으로 남을 수 있을까?
Aleksandr Solzhenitsyn

It's not the mountain we conquer, but ourselves.
우리가 정복할 것은 산이 아니라 바로 우리 자신이다.
Sir Edmund Hillary

Somewhere in the world, someone is training when you're not, and when you race him, he will win.

당신이 쉬고 있을 때 세상 어디에선가는 훈련을 하고 있는 자가 있고, 언젠가 경기에서 그를 만나면 당신은 지고 만다.

Tom Fleming

Being fit isn't about being able to lift a steel bar or finish an Ironman race. It's about rediscovering our biological nature and releasing the wild human animal inside.
체력단련이란 역기를 들어 올리거나 철인 경기를 완주하는 것만이 아니다. 우리의 생물학적 본능을 재발견하여 잠재한 동물성을 끌어 내는 것이다.

Christopher McDougall (울트라 마라톤 주자)

The best athletes don't look like models or bodybuilders. They're lean and quick and mobile.
훌륭한 선수는 모델이나 보디빌더와 같은 외모를 갖고 있지 않다. 그들은 날씬하고 빠르고 잘 움직인다.

Christopher McDougall

Run hard, be strong, think big!
열심히 달려라, 강해져라, 크게 꿈꿔라

Percy Cerully, Australian Coach

I want to be thoroughly used up when I die, for the harder I work, the more I live. I rejoice in life for its own sake. Life is no brief candle to me; it is a sort of splendid torch which I have got hold of for the moment, and I want to make it burn as brightly as possible.

나는 죽을 때 내 모든 힘을 다해 열심히 살았다고 자부하고 싶다. 왜냐하면 더 열심히 일할수록 더 많은 삶을 살기 때문이다. 내게 있어서 인생은 잠시 들고 있는 작은 촛불이 아니라 활활 타오르는 웅장한 횃불이다. 그 횃불을 더욱 높게 타오르게 하고 싶다.

Georg Bernard Shaw

Physical exercise is not merely necessary to the health and development of the body, but to balance and correct intellectual pursuits as well. The mere athlete is brutal and philistine, the mere intellectual unstable and spiritless. The right education must tune the strings of the body and mind to perfect spiritual harmony.

신체단련은 건강과 몸의 발육뿐만 아니라, 올바른 지성추구도 함께 되어야 한다. 운동만 아는 선수는 사나운 속물이며, 고리타분한 지식인은 불안정하며 영혼이 없다. 효과적인 교육을 통해 건강한 신체에 균형 잡힌 정신을 잘 조율해야 한다.

플라톤

Life is not a spectator sport
인생은 구경만하는 스포츠가 아니다.

George Sheehan, M.D.

A sound mind in a sound body. Exercise makes for both.
건전한 신체에 건전한 정신이 깃든다. 운동은 둘 다를 발전시킨다.

George Sheehan, M.D.

함기용 선생님과의 대담
2007년 5월 10일

지난 5월 10일 함기용 선생님을 모시고, 오십칠 년 전 잃어버린 보스턴대회 우승 메달을 다시 전달받게 된 것을 기념하는 시간을 가졌습니다. 이 자리에는 함선생님을 포함해 국립암센터 김태형 박사님 내외분, 고대대 MBA(Master of Business Administration) 마라톤 클럽 윤동기 회장님, 대우자동차판매 백승도 감독님, 강덕원 님등 모두 열여섯 명이 함께하였습니다.

다음은 이날 오고 간 대화를 간략히 정리한 내용입니다.

류승욱 기록

박노흥 함기용 선생님은 마라톤에서 최초로 태극기를 달고 우승하신 분입니다. 지난해 11월 17일 회식에서 김태형 교수님께서 메달을 다시 받을 수 있는 길이 있다는 말씀을 하셨고 곧이어 영문으로 보스턴 육상협회(Boston Athletic Association)에 직접 편지를 하셨습니다. 이어 대한육상연맹의 도움을 받아 마침내 메달을 다시 받을 수 있었습니다.

함기용 지난번 여러분들과 처음 만난 날 김박사님이 우승 메달이 어디 있냐고 물었을 때 제가 김일성이 가져갔다고 했습니다만 사실은 전쟁통에 피난가기 바빠 어떻게 잃어버렸는지도 모릅니다. 잃어버린 메달이 가슴 속에 항상 응어리로 남아 있었는데 김 박사님이 한을 풀어주셨습니다. 정말 감개가 무량합니다.

이때 함선생님이 이번에 새로 받은 금빛 찬란한 우승 메달을 꺼내어 모두가 볼 수 있도록 옆으로 넘기심. 메달에는 "Boston Athletic Association 1897"라는 글자와 함께, 함선생님의 우승 기록과 영문 성명(02:32:39 Ki-Yong Ham)이 기재되어 있었음.

김태형 함선생님이 우승하신 날은 코리아의 날이었습니다. 1, 2, 3위를 전부 휩쓸었으니까요(1위 함기용, 2위 송길윤, 3위 최윤칠). 이름도 잘 모르는 어느 조그만 나라가 1등부터 3등까지 모두 휩쓸자 다음날 신문에는 탄식의 글이 실렸다고 합니다. 그런데 당시 대회 때 선생님이 레이스 도중 걸으셨다고 하던데요.

함기용 제가 우승하던 날은 눈보라에 맞바람까지 심해 추웠고 몸이 바람에 날릴 정도였습니다. 저는 당시 열아홉 살이었고 그 대회 전까지 마라톤을 뛴 경력은 세 번이 고작이었습니다. 총 26마일 코스 중 17~18마일 정도를 발에 쥐가 날 정도로 뛰다가 너무 힘들어 힐끗 뒤를 보니 뒤따라오는 사람이 없어서 조금 걸었습니다. 나를 워킹 챔피언이라고 했는데 17마일까지는 당시 세계

기록이었다고 들었습니다.

김태형 보스턴은 난이도가 높은 코스로 유명합니다. 그리고 100년이 지났는데도 그 코스는 변함이 없습니다. 특히 17-18마일은 하트 브레이크 힐이라고 합니다. 저도 102회 대회에 참가해 그 코스를 경험했습니다. 저는 그 언덕을 넘으면서 이 길이 서윤복, 함기용 선수가 뛴 길이라 생각하며 힘을 낸 기억이 납니다.

김태형 제가 달리기를 시작하게 된 동기는 초등학교 6학년 때 동대문 운동장에서 마라톤 세계 제패를 기념하는 환영회에 참가한 때로 거슬러 올라갑니다. 당시 함선생님을 포함해 세 명의 영웅들을 먼발치에서 보며 어린 마음에 우리도 세계를 제패할 수 있구나 하는 자부심과 함께 꿈을 키울 수 있었습니다. 참고로 서윤복 선수는 1947년 대회 당시 세계기록으로 우승을 했습니다. 아직까지 우리나라에서 세계기록으로 세계대회에서 우승한 사람은 서윤복 선수가 유일합니다. (참고: 1947년 제 51회 대회 때 서윤복 선수의 공식 기록은 2시간 25분 39초). 야사가 하나 있는데 서윤복 선수가 우승 테이프를 끊기 전에 갑자기 어딘가에서 개가 나와서 서윤복 선수의 팔과 무릎팍을 물었으나 서윤복 선수는 피를 흘리면서도 끝까지 포기하지 않고 결승점을 통과했습니다. 자료를 보니 동양인이 우승하는 것을 보기 싫어한 어떤 이가 일부러 개를 풀어 놓은 것 같다고 되어 있더군요.

함기용 이렇게 선수들도 잘 모르는 야사를 줄줄 꿰고 계시니 제가 부끄럽습니다. 당시는 달리기용 신발도 없어 폐타이어 조각을 덧대어서 신고 뛰었고 먹을 것이 부족해 선수들의 영양상태도 안 좋았습니다. 저는 보스턴 대회에 가서 제대로 된 운동화를 처음 신어봤습니다. 대회에 임해서는 '손기정, 서윤복 선배가 우승했으니 나도 우승할 수 있다'는 말을 마음속에 새기면서 이를 악물고 뛰었습니다.

함기용 그런데 개인적으로 저는 운동선수라는 꼬리표가 달려 손해를 많이 봤습니다. 사람들은 운동한다고 하면 조금 무식한 사람 취급합니다. 저는 한국산업은행에서 평생을 근무했습니다. 과장을 달 때 남들은 4년이면 다는데 나는 6년 걸렸습니다. 당시 인사제도에서 가장 합리적이라고 하는 은행이 그랬습니다. 이후에 은행 지점장을 10년 동안 하면서 '뜀박질하는 이들 무식하다'는 소리 듣지 않도록 하기 위해 정말 피나는 노력을 했습니다. 저는 고려대학교를 입학할 때도 일반으로 들어갔습니다. 특기가 아니었습니다.

박노흥 함선생님 말씀을 들으니 어떻게 살아야 올바르게 사는 것인지 여러모로 느껴지는 게 많습니다. 그런데 연세에 비해 아직도 정정하신데 건강유지법은 어떻게 되시나요?

함기용 저는 아침 4시 30분에서 5시면 일어나서 7~8킬로미터를 매일 걷습니다. 그런데 건강하려면 몸뿐만이 아니라 정신적으로도 건강해야 합니다. 되도록이면 낙천적이고 유쾌하게 살려고 합니다. 책은 성경책이나 가이드포스트 같은 잡지를 봅니다. 참 좋은 글들이 많습니다. 이런 글들을 읽다보면 마음이 정화가 됩니다.

김태형 모르시는 분들이 많을 텐데 함선생님은 매일 그냥 걷는 게 아닙니다. 분당에 사시는데 분당중앙공원에 집게를 들고 가서 아침마다 폐휴지를 줍고 공원을 깨끗이 하는 일에 앞장서고 계십니다.

함기용 한번은 어떤 아가씨가 저를 불러 세우더니 "아저씨 왜 여자변소에는 화장지가 없나요?"라고 한 적도 있습니다. 그래서 "그건 제 소관이 아닙니다."라고 했지요. 또 한 날은 어떤 노인네가 "밤낮 쓰레기 줍는데 여기서 줍지 말고 보스턴 가서 주우면 큰돈을 벌어요." 하길래. "난 갈 돈이 없어요." 이렇게 얘기하며 웃은 적도 있습니다. 인생은 잠시 왔다가 가는 나그네입니다. 돈이 많으면 돈으로 사회에 기여하고 봉사로 할 수 있으면 봉사로 하고 가면 좋겠다고 생각합니다.

이원효 함선생님은 마라톤 세계제패로 대한민국에 이미 큰 기여를 하셨습니다. 사실 이 자리는 온 국민이 함께 축하해야 할 자리인데 사정상(김태형 주: BAA의 David Mcgillivray가 금메달 복제 사실을 비밀에 부쳐달라고 권고해서) 저희끼리만 모여 조촐하게 열게 되어 아쉽기만 합니다. 그러나 한편 우리가 국민을 대표해서 참가한 느낌입니다. 무한한 영광으로 생각합니다.

함기용 마라톤을 직업으로 하는 분들도 아닌데 이렇게 마라톤을 애호해 주시니 감사를 드립니다. 한국 마라톤은 지금 많이 침체되었고 애국심도 없고 철학도 없습니다. 하지만 저는 희망을 가지고 있습니다. 제 옆에 제가 가장 아끼는 백승도 감독이 있습니다. 여러분들도 잘 아시다시피 백감독은 현역 때 그 누구보다도 훌륭한 선수였습니다. 이제 지도자로서 새로운 인생을 시작하려고 합니다. 영광도 누려봤고 고생도 해봤고…. 어떻게 기르면 세계적인 선수가 되는지 아는 사람입니다. 하지만 개인적으로 지도자로서 아직 A 학점 못 줍니다. 대한민국 체육의 정화는 마라톤이며, 대한민국 마라톤은 손기정, 함기용, 정봉수 감독 같은 이들의 철학이 필요합니다. 오늘 이 자리에서 백승도 감독 잘 만났습니다. 백감독이 정봉수보다 더 나은 사람이 되기를 바라는 마음에서 오늘 말로 좀 기합을 주겠습니다.

김태형 지금은 고인이 되셨지만 저도 정봉수 감독과 친분이 있었습니다. 1996년 애틀랜타 올림픽을 위해 정감독이 전지 훈련

왔을 때 제가 훈련 코스도 알아봐 드렸습니다. 백승도 감독도 제가 오래 전부터 주목하고 있고 또 기대를 많이 하고 있습니다.

백승도 저는 그동안 삼성에서 4년 있었고 대우로 온 지 이제 1년이 채 못 됩니다. 저도 김박사님을 애틀랜타에서 알게 되었고 한국에서 아버님 병환 문제 등으로 도움을 많이 받은 적이 있습니다. 오늘 이 자리에 와서 뵙게 되니 반갑고 감사하고 한편 어깨가 무거워짐을 느낍니다. 함선생님과 여러분의 뜻을 받들어서 대한민국 마라톤을 위해서 앞으로 정말 열심히 하겠습니다.

함기용 선생님의 대담 참석자들. 마커로 표시된 사람들은 백승도 감독을 제외하고는 모두 MBA 멤버들. 그리고 윗줄 두번째는 강덕원 교무, 함기용 선생님 옆에 김태형 부부.

윤동기 오늘 모두 뜻깊은 자리에 참석해 주셔서 감사합니다. 말이 필요없는 함선생님, 김박사님 같은 훌륭한 분들이 계셔서 정말 뿌듯합니다. 또 한국 마라톤을 이끌어 갈 백승도 감독님 믿음직스럽습니다. 이 자리에 참석해 주신 고려대 MBA 마라톤 클럽 회원님들과 내빈 여러분들께도 감사드립니다. 저도 고려대학교와 대한민국 마라톤을 위해서 자그마한 도움이라도 되도록 열심히 살겠습니다. 감사합니다.

*위 기록은 당시의 현장감을 살리려 철자법 몇 군데만 고치고 원본 그대로 실었다. 얼마간의 사실적 그리고 문법과 어법상의 오류에 대한 양해를 부탁드린다.

한국 역대 올림픽 마라톤 성적

한국 역대 올림픽 남자 마라톤 성적

년도	이름	기록	성적
1932(Los Angeles)	김은배(Kim Un-bae)	2:37:28	6위
	권태하(Kwon Tae-ha)	2:42:52	9위
1936(Berlin)	손기정(Kitei Son)	2:29:19.2	우승
	남승룡(Shōryū Nan)	2:31:42	3위
1948(London)	홍종오(Hong Jong-o)	2:56:54	25위
	서윤복(Suh Yun-bok)	2:59:36	27위
1952(Helsinki)	최윤칠(Choi Yun-Chil)	2:26:36	4위
	최충식(Choi Chung-Sik)	2:41:23	33위
1956(Melbourne)	이창훈(Lee Chang-Hoon)	2:28:45	4위
	최충식(Choi Chung-Sik)	2:31:42	12위
1960(Italy)	이창훈(Lee Chang-Hoon)	2:25:02.2	20위
	이상철(Lee Sang-cheol)	2:35:14	47위
1964(Tokyo)	이상훈(Lee Sang-hun)	2:22:02.8	11위
	김윤범(Kim Yun-Bum)	2:24:40.6	16위
	주형결(Ju Hyeong-gyeol)	2:41:08.2	50위
1968(Mexico City)	이명정(Lee Myeong-jeong)	2:38:52	29위
	김봉내(Kim Bong-nae)	2:43:56	28위

년도	이름	기록	성적
1968(Mexico City)	이상훈(Lee Sang-hun)	2:52:46	46위
1984(Los Angeles)	이홍열(Lee Hong-yeol)	2:20:56	37위
	채홍낙(Chae Hong-nak)	2:23:33	48위
	김원식(Kim Won-sik)	2:30:57	58위
1988(Seoul)	김원탁(Kim Won-Tak)	2:15:44	18위
	유재성(Yu Jae-seong)	2:20:11	31위
1992(Barcelona)	황영조(Hwang Young-Cho)	2:13:23	우승
	김재룡(Kim Jae-Ryong)	2:15:01	10위
	김완기(Kim Wan-gi)	2:18:32	28위
1996(Atlanta)	이봉주(Lee Bong-Ju)	2:12:39	2위
	김이용(Kim Yi-Yong)	2:16:17	12위
2000(Sydney)	이봉주(Lee Bong-Ju)	2:17:57	24위
	정남균(Jeong Nam-gyun)	2:22:23	45위
	백승도(Baek Seung-do)	2:28:25	65위
2004(Athens)	이봉주(Lee Bong-Ju)	2:15:33	14위
	지영준(Ji Young-joon)	2:16:14	17위
	이명승(Lee Myong-seung)	2:21:01	41위
2008(Beijing)	이명승(Lee Myong-seung)	2:14:37	18위
	이봉주(Lee Bong-Ju)	2:17:56	30위
	김이용(Kim Lee-yong)	2:23:57	50위

마라톤, 은인들, 그리고 나의 천사들

년도	이름	기록	성적
2012(London)	이두행(Lee Duhaeng)	2:17:19	32위
	정진혁(Jeong Jinhyeok)	2:38:45	82위
2016(Rio de Janeiro)	손명준(Son Myeong-jun)	2:36:21	130위
	심중섭(Shim Jung-sub)	2:42:42	137위
2020(Sapporo)	심중섭(Shim Jung-sub)	2:20:36	48위

한국 역대 올림픽 여자 마라톤 성적

년도	이름	기록	성적
1988(Seoul)	이미옥(Lee Mi-Ok)	2:32:51	15위
1992(Barcelona)	이미옥(Lee Mi-Ok)	2:54:21	25위
	임은주(Im Eun-ju)	2:38:21	37위
1996(Atlanta)	오미자(Oh Mi-Ja)	2:36:54	30위
2000(Sydney)	오미자(Oh Mi-Ja)	2:38:42	34위
2004(Athens)	이은정(Lee Eun-Jung)	2:37:23	19위
	최경희(Choi Gyeong-hui)	2:44:05	35위
2008(Beijing)	이은정(Lee Eun-Jung)	2:33:07	25위
	채은희(Chae Eun-Hee)	2:38:52	53위
	이선영(Lee Sun-Young)	2:43:23	56위
2012(London)	정윤희(Chung Yun-Hee)	2:31:58	41위
	임경희(Lim Kyung-hee)	2:39:03	76위
	김성은(Kim Seongeun)	2:46:38	96위
2016 (Rio de Janeiro)	안슬기(Ahn Seul-ki)	2:36:50	42위
	임경희(Lim Kyung-hee)	2:43:31	70위
2020(Sapporo)	최경선(Choi Kyung-sun)	2:35:33	34위
	안슬기(Ahn Seul-ki)	2:41:11	57위

한국 역대 보스턴 마라톤 성적

년도	이름	기록	성적
1947	서윤복	2:25:39	우승
	남승룡	2:40:10	10위
1950	함기용	2:32:39	우승
	송길윤	2:35:58	2위
	최윤칠	2:39:45	3위
1957	임종우	2:24:55	3위
1993	김재룡	2:09:43	2위
1994	황영조	2:08:09	4위
	이봉주	2:09:57	11위
2001	이봉주	2:09:43	우승

참고문헌

1. 이규태 지음.『무엇이 우리를 한국인이게 하는가』. 1992 이목
2. Tom Derderian.『Boston Marathon』. 1994. Human Kinetics
3. 손기정 자서전.『나의 조국 나의 마라톤』. 2012. 학마을 B&M
4. Christopher McDougall.『Natural born heroes』. 2015. Knopf
5. 무라카미 하루키 지음, 임홍빈 역.『달리기를 말할때 내가 하고 싶은 이야기』. 2007년. 문학사상
6. George Sheehan M.D.『Getting fit and feeling great』. 1992. Wingsbooks
7. Jeff Galloway:『Marathon』. 1996. Pheidipides Publication
8. Dean Karnazes.『울트라 마라톤 맨』. 2005. Archer Penguin
9. 헤로도토스 지음, 박현태 옮김.『헤로도토스 역사』. 2016. 동서문화사
10. 김태형 외.『문학을 사랑해서』. 2020 .책나라
11. 「희망의 속삭임 Blog」. 2020,6.11.
12. 스콧 주렉. 스티븐 프리드먼 지음, 양병찬 옮김.『Homo Runners, 나는 달릴수록 살아난다』. 2012. 페이퍼로드
13. 토르고타스 지음, 석기용 옮김,『러닝, 한편의 세계사』. 2012. 책세상
14. 박상설 지음,『잘산다는 것에 대하여』. 2014. 토네이도